中国电力行业信用体系建设年度发展报告

2024

中国电力企业联合会　编著

中国电力出版社
CHINA ELECTRIC POWER PRESS

图书在版编目（CIP）数据

中国电力行业信用体系建设年度发展报告. 2024 /
中国电力企业联合会编著. -- 北京：中国电力出版社，
2024. 8. -- ISBN 978-7-5198-9167-1

Ⅰ. F426.61

中国国家版本馆 CIP 数据核字第 2024RC1824 号

出版发行：中国电力出版社
地　　址：北京市东城区北京站西街 19 号（邮政编码 100005）
网　　址：http://www.cepp.sgcc.com.cn
责任编辑：丁　钊（010-63412393）
责任校对：黄　蓓　李　楠
装帧设计：赵姗姗
责任印制：杨晓东

印　　刷：三河市航远印刷有限公司
版　　次：2024 年 8 月第一版
印　　次：2024 年 8 月北京第一次印刷
开　　本：889 毫米×1194 毫米　16 开本
印　　张：11.5
字　　数：241 千字
定　　价：398.00 元

中国电力行业信用体系建设年度发展报告
2024

编 委 会

主　　编	杨　昆
常务副主编	安洪光
副 主 编	沈维春　蔡义清　芦晓东

编　　委 （以姓氏笔画为序）

王　东	王　海	王　敏	王晓燕
卢岸健	白　斌	吕庭彦	朱　敏
张建文	林杰东	罗　军	和建生
金淑萍	单淑兰	钟　明	徐　鸿
高　振	郭　战	郭建和	黄　颉
常　盛	董全学	戴豪波	檀勤良

中国电力行业信用体系建设年度发展报告 2024

编 写 组

组　长　芦晓东

副组长　杨　迪　郭平平

统　稿　王艳红

成　员　（以姓氏笔画为序）

　　　　成　婧　李　泽　李　娜　李瑞雪

　　　　孙宏斌　郭　雄　魏聚妍

前　言
PREFACE

　　《中国电力行业信用体系建设年度发展报告 2024》（以下简称《信用体系建设报告 2024》）作为中国电力企业联合会"1+N"年度发展系列报告的组成部分，旨在全面反映我国电力行业信用体系的建设与发展。本报告以国家社会信用体系的建设为背景，结合 2023 年中电联在信用体系建设方面的工作进展和主要电力企业的实践经验，深入分析并总结了电力行业信用体系建设的现状和发展趋势。

　　《信用体系建设报告 2024》共分为五章，系统地展现了 2023 年电力行业在组织建设、标准制定、信用评价、信用指数编制、失信治理、支撑服务、企业实践以及电力征信发展等方面的主要成就与展望。与去年相比，本年度的主要进展体现在三个方面：一是开展信用指数研究，针对中电联理事长及副理事长单位，我们试行发布了信用电力指数的监测情况和排名报告，为行业提供了新的参考标准；二是推动电力企业信用体系建设，通过规范引导，帮助企业进行全面自我诊断，明确信用体系建设的具体要求，并制定了包括信用管理目标、指标和实施方案在内的详细计划；三是介绍信用风险监测预警服务，增强了行业的风险管理能力，为电力行业的稳定发展提供了有力支撑。

　　此外，附录中详尽列出了 2023 年我国信用体系建设的相关政策、标准、年度电力信用建设实践创新企业、信用电力指数指标模型及监测集团企业、年度信用评价企业等资料，为各方提供了宝贵的参考信息。

　　为了更深入、系统、专业地展示电力行业各专业领域的最新发展，中电联还组织编撰了涵盖电力供需分析、国际合作、电力工程建设质量、标准化、可靠性、行业人才、数字化、科技创新、电力工程建设检验检测、法治合规等多个专业领域的年度系列报告。这些报告构成了以《中国电力行业年度发展报告》为核心的

"1＋N"报告体系，而《信用体系建设报告 2024》正是这一体系中不可或缺的重要组成部分。

我们衷心期望，《信用体系建设报告2024》及其系列报告能够成为立足行业、服务企业、联系政府、沟通社会的桥梁，为电力从业人员及所有关心电力事业发展的读者提供深入了解中国电力发展现状的重要资料。

编委会

2024 年 6 月

目 录
CONTENTS

后记 ··· **175**

第一章

综　述

中国社会信用体系正朝着持续完善和深化的方向发展，其核心举措包括加强信息整合与共享，以促进资源的高效利用；同时，通过立法推进，确保信用体系在法治轨道上稳健运行，提供坚实的法律支撑。标准化建设也在同步进行，旨在实现信用评价标准的统一化，提高整个体系的规范化和透明度。未来，中国社会信用体系致力于营造一个公平公正的信用环境，为经济社会的高质量发展提供有力支撑。

一、我国社会信用体系建设新发展格局

（一）社会信用体系建设加快完善

中国特色的社会信用体系建设迄今已经走过了二十余年的发展历程。国家层面出台了一系列政策文件，以《关于推进社会信用体系建设高质量发展促进形成新发展格局的意见》为标志，明确了新时代社会信用体系建设的方向和重点任务。

2023 年 1 月，国家发展改革委印发《失信行为纠正后的信用信息修复管理办法（试行）》，为信用修复提供了具体的操作规范，标志着信用修复机制的进一步完善。2023 年 3 月，十四届全国人大一次会议的《政府工作报告》强调了推进社会信用体系建设的重要性，将其作为政府工作的一项重要内容。2023 年 8 月，国家发展改革委办公厅、中国人民银行办公厅联合印发了第四批社会信用体系建设示范区名单，共有 68 个地区入选，显示了信用体系建设在全国范围的深入推广。9 月，社会信用建设法被列入十四届全国人大常委会立法规划的第二类项目，即"需要抓紧工作、条件成熟时提请审议的法律草案"。

2023 年以来，全国已有 15 个地级市出台社会信用相关地方性法规。宁波、沈阳、克拉玛依等 3 个城市制定并实施社会信用条例。行业领域，文化和旅游市场信用经济发展试点持续推进，累计 30 个地区坚持问题导向、立足试点探索、推动重点突破、强化应用实践；地方层面，广州南沙、深圳前海、济南历下，在经济运行机制中积极探索构建以信用为关键纽带的市场经济新秩序。

目前，我国社会信用体系建设进入全面推进阶段。建立起包括信用主体标识规范、个人信用调查报告格式规范、基本信息报告、企业信用等级表示方法等数十条社会信用国家标准，涵盖了电子商务、诚信管理、信用中介组织等领域。社会信用体系建设正朝着更加系统化、规范化、智能化的方向发展，旨在构建一个诚信、透明、高效的社会信用环境，促进经济社会的高质量健康发展（我国社会信用体系建设概览见附录 1）。社会信用体系建设主要任务如图 1-1 所示。

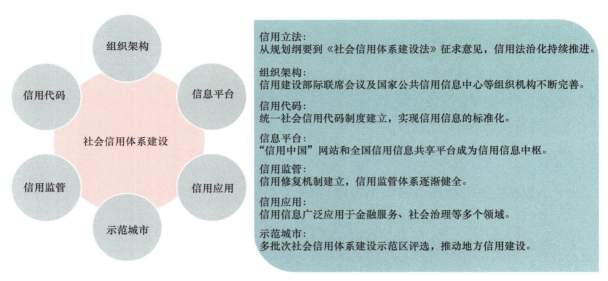

图 1-1　社会信用体系建设主要任务

（二）社会信用体系建设法治化、规范化水平不断提升

当前，国家社会信用体系建设已然迈向法治化、规范化阶段，《社会信用建设法》被纳入第二类项目，要求抓紧工作、条件成熟时提请人大审议。据统计，70 部法律、67 部行政法规中规定了专门的信用条款，26 个省市自治区、18 个市出台信用地方性法规。

随着法制建设发展，自上而下的信用法规和制度体系建设有望更加健全完善。以"国家立法＋地方立法"双轮驱动进一步向纵深推进，以"信用立法＋专项立法＋目录清单＋规章制度＋标准规范"五位一体的法治建设体系效能加快优化，涵盖信用承诺、信用评价、信用分级分类监管、信用激励约束、信用修复、信用应用、信用经济等方面的保障体系有望进一步强化。

（三）信用修复与协同修复纵深推进

《失信行为纠正后的信用信息修复管理办法（试行）》已于 2023 年 5 月 1 日起施行，规范了信用信息修复工作，进一步提升了社会信用体系建设法治化、规范化水平。强化了对相关信用信息修复主体的权益保障，同时也对信用信息修复的协同联动提出了更高要求。

地方层面，部分地区已先行先试，加强协调，探索了"一口申请、一次办理、全网修复"的模式。下一阶段，信用平台网站与认定单位、企业信用信息公示系统、有关行业主管（监管）部门信用信息系统，将进一步建立健全信用修复信息共享机制，让数据多跑腿、让民众少跑路。

（四）信用服务场景应用改革创新

积极推动信用激励的场景应用改革创新，随着"信用＋就医""信用＋电水气""信易惠""信易评""信易保"等"信易＋"模式，信用报告代替无违法违规证明、信用修复协同联动等深入行业重点领域，加快形成行业管理部门和社会各界共同参与、多方合作的信用应用场景，"信易＋"让生活更美好的愿景正逐步实现。

各地各部门围绕政务服务、综合治理等各个环节的痛点、难点、堵点问题，通过政府引导、社会共建、全民参与，大力拓展信用信息应用场景，打造更多首创性、可复制推广、让信用主体切实获得信用红利的激励举措，助力优化营商环境。

（五）信用服务机构与信用服务市场培育壮大

信用服务机构是社会信用体系建设的重要力量，社会信用体系建设的高质量发展，也离不开信用服务机构和信用服务市场的持续健康发展。2023年企业征信备案机构逾149家，全国备案法人信用评级机构52家，在稳步推进、有序发展。

信用服务市场沿着"规范与发展并重"的方向继续稳步前行，持牌经营与新技术的应用将成为信用服务市场上的重要变革。信用服务机构综合服务创新实力既要有核心数据源，又要掌握关键技术，致力于为经济和社会发展创新场景应用。

（六）信用体系形成多样化信息平台

中央各部门和各地方政府逐渐建成了多样化的信用信息平台。在中央层面，社会信用体系建设由国家发展改革委和中国人民银行作为双牵头部门，协调各部委共同推进；在地方层面，各级发展改革委负责本行政区内的公共信用信息综合协调与监督管理。

目前，我国社会信用体系的抓手主要包括中国人民银行主导的金融基础信用信息和国家发展改革委主导的公共信用信息。前者形成了应用广泛的金融征信，后者主要的应用是失信联合惩戒信息公示。此外，还有国家企业信用信息公示系统、纳税信用发布平台、全国法院失信被执行人名单信息公布与查询平台、资本市场诚信数据库和市场诚信信息查询平台等中央政府、司法部门统筹的信用信息平台。上海、广东、浙江、江苏等地区在地方大数据局的基础上形成了丰富的地方信用信息应用。

（七）部分领域信用体系建设情况

1. 金融领域信用体系建设情况

根据《中国人民银行关于推进社会信用体系建设的若干意见》要求，我国已经建立了包括企业、个人、社会组织等在内的全面信用信息采集和共享体系，着力推进企业和个人征信、信用评级、融资担保等信用服务。各行业关键技术、业务模式和数字技术融合发展，实现了传统信用服务业务数字化转型，有助于金融市场的平稳健康发展。

2. 交通运输领域信用体系建设情况

交通运输部出台《关于加强交通运输行业信用体系建设的若干意见》，结合交通运输行业工作实际，特别是充分考虑从业者和被服务对象的需求，明确了交通运输行业信用体系建设的 8 个重点领域，提出了统一信用制度标准、建设信用信息系统、完善信用评价监管、推进信用信息应用及加强信息安全管理五方面的主要任务。首次在交通运输行业内统一了信用评价等级，划分为 AA、A、B、C、D 五个信用等级，为建立统一的信用信息系统，最终为实现信用等级评价结果的统一应用奠定了基础。

3. 工商业领域信用体系建设情况

构建法制健全、机制完备、运行畅通、监管高效的经营主体信用监管标准体系，推进经营主体信用监管标准化，《经营主体信用承诺实施指南》《个体工商户信用评价指标》《企业信用档案信息要求》和《经营主体失信信息分类指南》等 4 项信用监管国家标准通过立项评审，以信用监管标准化推动经营主体信用体系建设高质量发展，助力建设全国统一大市场。

二、能源与电力行业信用体系建设发展

（一）能源领域信用体系建设

随着全球能源结构转型和中国经济快速发展，能源行业的稳定与健康发展显得尤为重要。信用体系作为市场经济的重要组成部分，对于规范市场行为、提升行业信誉、促进公平竞争具有不可替代的作用。2023 年，我国能源行业信用体系建设取得了显著进展。

1. 政策与法规框架的构建

2023 年，国家能源局围绕"放管服"改革的核心，深化资质许可告知承诺制的信用监管，加强信用修复与异议处理机制的规范化，以及信用信息的共享。印发相关文件，《2023 年能源监管工作要点》《2023 年电力安全监管重点任务》《能源行业信用信息应用清单（2023 年版）》《国家能源局关于加强电力可靠性管理工作的意见》《电力行业公共信用综合评价标准（试行）》《能源行业失信主体信用信息修复管理办法（征求意见稿）》，为能源行业信用体系建设提供了坚实的政策基石，形成了从信用信息归集、共享、信用评价到修复、监管及风险预警的全流程制度化管理链条，有力支撑了信用体系的深化建设，为行业高质量发展打造了良好的信用环境。

2. 信用信息平台的建设与应用

2023 年，国家能源局通过资质与信用信息系统平台，高效整合并共享了 75 万多条信用记录，涉及的范围广泛，覆盖超过 14 万家能源企业，极大地拓宽了数据基础，为信用监管提供了丰富的资源支撑。通过信用信息系统平台实时更新发布行政处罚、许可审批信息，并公开失信惩戒案。2023 年，信用能源网站的访问量突破性增长，近 3.2 亿次，显著提高了信息的透明度和公众的参与感，增强了社会各界对能源行业信用状况的认知和监督意识。

3. 信用评价机制的创新与实施

2023 年，国家能源局印发《电力行业公共信用综合评价标准（试行）》，电力行业信用评价体系更趋向科学化、标准化。该标准的出台，为电力企业提供了明确的信用分类准则。根据自身在司法裁决、行业监管、商务活动、运营效率、创新能力、发展策略以及守信守约等方面的表现，企业可被划分为不同信用级别，使企业在信用评估上有了可遵循的规范，有助于企业明确自身信用建设方向，也利于整个行业信用环境的良性竞争。

4. 信用监管机制的深化

在监管机制深化方面，国家能源局在资质管理、电力安全领域，信用监管上通过引入并强化了多种新型监管模式，如"双随机、一公开"检查、重点监管以及"互联网＋监管"等手段，有效提升了日常监管的强度。国家能源局利用信用监管强化了对所持证照条件保持的监管，确保企业严格遵守许可规范，避免违规行为；同时，在电力安全监管中，信用监管的试点项目通过信用信息的深度融合，不仅提高了监管的针对性，还促进了安全风险的预防。利用信用信息提升监管的针对性与风险预测，形成了一种新型信用监管生态。

5. 信用修复与管理

国家能源局就《能源行业失信主体信用信息修复管理办法（征求意见稿）》公开征集意见。

为行业信用修复提供了具体操作指南，为失信主体提供了明确的修复路径，保障了企业合法权益，推动了信用体系的良性循环，明确提出了两种修复方式，即"终止公示行政处罚信息"和"移出严重失信名单"。修复条件的明确，包括但不限于全面履行行政处罚义务、公开信用承诺、材料真实有效、无再次违规等，达到公示期限，这些条件的设定，确保了修复的公平性，也防止滥用。

6. 行业信用共建

国家能源局在信用体系建设上深化了行业共建，推动了信用监管的协同与生态优化，积极引导行业协会、重点企业以及相关组织，规范信用信息的共享机制，确保了信用评价、失信约束的有效执行。在此过程中，通过加强公共信用评价在电力产业链中的应用，深入到供应链环节，不仅优化了信用评估体系，而且强化了信用的实践价值。这种信用机制在行业链上的深入应用，促进了企业间的互信，增强了行业内部的透明度，进一步提升了整个供应链的信用生态。

国家能源局通过政策指导，鼓励企业、协会与第三方信用服务机构等多方共同参与，建立了信用信息共享的规范框架，积极推动行业内部信用评价。加强了行业内企业间的信用交流，提升了信用信息的公信力，构建了行业内的信用生态。行业信用共建，让信用成为企业合作的纽带，共享共赢的桥梁，共同维护了行业信用环境。

（二）电力行业信用体系建设

电力行业作为关系国计民生的重要基础产业，是社会信用体系建设的重要领域之一。中电联高度重视信用体系建设工作，在各级政府主管部门的指导和支持下，以加强涉电力领域信用评价和失信治理工作体系为主线，以完善标准制度、优化工作流程为基础，创新开展"信用电力指数"监测排名研究，积极探索开拓电力征信服务电力行业的领域和内容，通过夯实基础、创建机制、构建平台、强化抓手、深化应用，扎实推进信用理念、信用制度、信用手段与电力行业各领域、各环节深度融合，"信用电力"品牌影响力不断提升，行业信用建设工作再上新台阶。

1. 加强信用制度建设，夯实信用建设工作基础

为进一步明确信用体系建设组织机构和职责，规范工作流程，印发《中电联电力行业信用体系建设工作规则》，修订《中电联电力行业信用体系建设办公室评价咨询中心管理办法》，提升评价咨询中心综合能力和服务水平。起草《中国电力企业联合会信用电力指数管理办法》，规范组织开展"信用电力指数"监测排名工作。

2. 创新信用建设工作模式，拓展信用工作范围

创新开展"信用电力指数"研究与监测。持续优化以各级各类企业为测评主体的"信用电力指数"研究及监测排名工作，全面提升了行业企业信用建设工作水平。持续对监测集团企业族谱层级和信用电力指数监测系统进行优化完善，发布监测排名试行报告 3 期。监测集团企业范围扩大到 657 家，监测总企业数达到 68000 多家。细化排名类别分为 9 类，进一步推动了企业信用建设指标横向对比，提升信用管理能力，防范化解信用风险。

研究印发电力行业首个指导电力企业结合企业生产经营实际开展企业信用体系建设的操作性文件《电力企业信用体系建设实施指南》，旨在提升企业信用建设管理水平，发挥信用对提高企业资源配置效率、降低交易成本、防范化解风险的重要作用，为提升电力行业整体效能、促进形成电力发展新格局提供支撑保障。

2023 年 11 月，开展电力行业信用管理师试点培训，在全国各行业中，率先编制了《电力信用管理师培训教材》，探索开展电力行业信用管理师培训与职业能力水平评价。大力推进与行业信用工作相适应的信用人才队伍建设，为信用体系建设提供人才储备和智力支撑。

3. 增强标准引领作用，完善技术支持体系

以突出重点、全面成套、层次恰当、定位准确为原则，重点梳理了涉电力领域信用评价技术、信用建设管理方面的标准框架，形成了 2023 版信用标准体系。标委会持续突出标准体系在标准制修订工作中的指导和牵引作用，紧随产业发展，创建更加合理的电力行业信用标准体系，助力营商环境不断优化。2023 年编制完成《涉电力领域市场主体失信行为认定规范》《涉电力领域市场主体重点关注名单管理规范》《涉电力领域失信主体信用修复管理规范》《电力征信用电数据隐私计算应用技术规范》4 项团体标准并正式获批发布。

4. 深化信用专项服务，扎实推进行业自律宣传

持续推动行业信用评价，共发布四批 591 家企业评价结果，完成全年评价计划的 118%。加强失信行为专项治理，全年共征集 1350 条失信行为信息，511 家失信主体被列入"重点关注名单"，18 家企业完成信用修复。信用电力指数、信用平台共获得两项软件著作权。深化信用专项服务。继续开展信用实践创新企业遴选工作。举办两期电力行业信用体系建设企业推广交流活动，通过经验交流及现场参观调研，帮助行业单位对照标杆找差距，学习榜样赶先进。全年开展 4 次信用建设会议和 9 期信用培训，受邀对南方电网公司、国网北京市电力公司等相关单位 1000 余人进行培训；支持福建、内蒙古等四省区 3 万余人开展信用知识竞赛；编撰《电力行业信用体系建设工作简报》12 期，"信用电力"微信公众号发布文章 426 篇。

5. 完善征信平台建设，大力拓展电力征信业务

2023 年电力征信平台全面改版升级，涉电力领域市场主体信用档案数据库收录涉电力领域（含电力供应商）企业数已增至 40 余万家，较上年收录总量增长 53.85%，逐步实现电力企业、电力供应商领域全覆盖；数据对接方面，平台新增发票和税务数据授权采集等功能完成实施建设，可通过在线扫码授权，完成数据采集，并出具具有电力行业特色的商务信用评价报告。探索开展"信电查"与电力供应链金融信用服务。研发推出"信电查"信用信息查询工具，更快捷、全面地实现市场主体商务信用信息查询及电力大数据特色查询。打造电力行业供应链产业金融信用服务平台，研究开发了"找客户、找资金、找项目、找服务、找产品"五找功能，对接众多金融机构，面向涉电力领域市场主体开展基于信用的供应链金融服务。

第二章
电力行业信用体系建设工作进展

　　按照国家发展改革委和国家能源局委托和授权涉电力领域信用建设的有关要求，中电联以社会信用体系建设精神为指导，以遵守国家法律法规和信用标准规范为前提，以搭建覆盖全行业的信用平台为基础，以推进涉电力领域市场主体诚信、营造良好营商环境为目标，秉持开创性、引领性、典范性工作基调，稳步推进行业信用体系建设，建立了较为完善的电力行业信用体系机制。中电联持续优化电力行业信用体系建设工作组织，完善标准制度、加强评价应用、推动失信治理、拓展支撑服务，并探索开展信用风险预警、信用报告警示、信用信息查询等创新服务，有效促进了全行业诚信意识和信用水平的提高，使诚实守信成为全行业的自觉行为规范，树立了"信用电力"的良好品牌。

第一节　组织体系建设

　　中电联逐步形成了以政府主导、行业推动、企业参与的良好局面。2023 年，《中电联电力行业信用体系建设工作规则》（中电联科技〔2023〕202 号）（以下简称《工作规则》）印发并实施，构建了层次分明、职责清晰的组织架构和高效有序的工作机制。根据《工作规则》，中电联成立了电力行业信用体系建设领导小组，协同理事长、各副理事长及有关单位，有效推进信用体系建设工作。电力行业信用体系建设领导小组下设监督审核委员会和建设办公室，分别负责监督审核和日常业务的开展，确保了信用建设工作的公正性、合规性和客观性。领导小组办公室在推动信用电力指数研究、企业信用评价、信用建设企业遴选以及失信治理等方面发挥了核心作用；同时，积极开展信用技术标准研究，不断完善信用体系建设标准与规章制度（见图 2-1）。

　　工作机制方面，电力行业信用体系建设确立了从重大事项审议到日常工作的多层次会议决策流程，确保了决策的科学性和时效性。领导小组会议每年召于一次，会议任务除了贯彻党和国家的信用体系建设方针，部署了行业信用建设的重要工作。监审委与信用办公室的专题会议，则根据实际需求灵活召开，及时审议信用名单、解决信用体系建设中的问题。此外，电力行业信用体系建立了严格的信息报送和公开机制，确保了信用信息的准确性和透明度，促进了行业内的经验交流与学习，有效提升了整体信用管理水平。

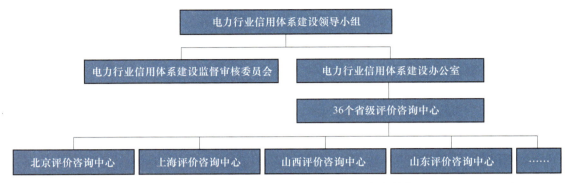

图 2-1　电力行业信用体系建设领导小组组织结构图

一、中电联电力行业信用体系建设领导小组

电力行业信用体系建设领导小组的职责主要是贯彻落实党和国家信用体系建设工作的有关要求，组织协调电力行业信用体系建设工作；研究电力行业信用体系建设工作中的重大事项；推进和指导成员单位的信用体系建设工作；协调解决行业信用体系建设工作中的重大问题等。电力行业信用体系建设领导小组成员单位见表 2-1。

表 2-1　　　　　　　　　电力行业信用体系建设领导小组成员单位

成员身份	单位名称
组长单位	中国电力企业联合会
副组长单位	国家电网有限公司
	中国南方电网有限责任公司
	国家能源投资集团有限责任公司
	中国长江三峡集团有限公司
	中国电力建设集团有限公司
	中国能源建设集团有限公司
	华北电力大学
	中国安能建设集团有限公司
	中国电气装备集团有限公司
	中国华能集团有限公司
	中国大唐集团有限公司

成员身份	单位名称
成员单位	国家电力投资集团有限公司
	中国广核集团有限公司
	广东省能源集团有限公司
	浙江省能源集团有限公司
	全球能源互联网发展合作组织
	协鑫集团有限公司
	内蒙古电力（集团）有限责任公司
	中海石油气电集团有限责任公司
	中国东方电气集团有限公司
	中国中煤能源集团有限公司
	特变电工股份有限公司
	华为技术有限公司

二、电力行业信用体系建设监督审核委员会

电力行业信用体系建设监督审核委员会主要负责审核电力行业信用体系建设工作有关指导性文件等；审核信用电力指数每期排名结果、企业信用评价等级名单、严重失信名单、重点关注名单、失信修复名单等；监督信用电力指数、信用评价、严重失信名单、重点关注名单、失信修复等工作，确保公正性、合规性、客观性；监督、处理信用体系建设工作过程中发生的违纪违规行为；审查信用体系建设工作过程中的异议申诉调查结果。

三、电力行业信用体系建设办公室

电力行业信用体系建设办公室（以下简称"信用办"）按照电力行业信用体系建设领导小组工作要求和电力行业信用体系建设监督审核委员会工作计划，开展电力行业信用体系建设具体执行工作。

2023 年，信用办在中电联的统一指导下，取得了显著的工作成效。信用办以规范化管理、高效运作和创新发展为主线，紧密围绕信用体系建设的核心目标，深化信用管理体系建设。通过印发《中电联电力行业信用体系建设工作规则》等文件，信用办明确了各机构职责，确保了信用工作流程的顺畅运行；同时，通过修订相关管理办法，提升了评价咨询中心的服务效能，为信用工作提供了坚实的组织保障。业务创新上取得了突破，成功运行全国首创的"信

用电力指数"，监测企业规模翻倍增，形成监测报告季度发布制度。信用培训方面，开创性地在山东启动了电力信用管理师试点行业信用人才培养进入新阶段；同时，发布首个企业信用建设实施指南，助力企业信用体系升级。

另外，信用办，在全国各省设置了评价咨询中心，扎实推进各省信用建设工作。截至 2023 年底，电力行业信用体系建设领导办公室已在北京、上海、内蒙古、吉林、辽宁、山东、山西、甘肃、青海、新疆、河南、江苏、湖北、湖南、江西、云南、贵州、四川、广西、广东（含佛山）、福建、海南、安徽、浙江、宁夏、陕西、重庆等 28 个省（市）设立了 36 个评价咨询中心，形成了系统的组织体系。

信用办评价咨询中心根据国家法律法规和信用体系建设方针政策，充分发挥所属协（学）会区域服务和资源等优势，开展涉电力领域信用体系建设具体工作。2023 年，评价咨询中心积极参与信用网站、编制工作简报、参与信用宣传活动等多渠道宣传，有效推动了行业信用意识的普及和提升。多家评价咨询中心深度参与了地区信用政策的制定和信用标准的修订工作，积极推动政策的实施，并且通过信用课题研究，创新项目，促进了理论与实践的紧密结合。评价咨询中心大量开展企业信用评价工作，有效征集信用信息，推动信用培训，提升了内部人员的专业能力。多家评价咨询中心开展了地区性信用知识竞赛活动，展示了信用建设的实践成果，增强了行业内外对信用建设重要性的认识。部分评价中心的信用建设成果于电力征信领域得到应用，对行业产生了实际影响，并收获了正向反馈。这些成果不仅提升了电力行业的信用管理水平，也为行业的可持续发展提供了有力支撑。

第二节　标准体系建设

一、重点标准规范制修订

2023 年，电力行业信用体系建设在标准化工作领域取得了长足进展，实现了全面且深远的影响。电力信用评价标委会积极响应电力市场改革和信用体系建设需求，完成了《涉电力领域市场主体失信行为认定规范》（T/CEC 846—2023）、《涉电力领域市场主体重点关注名单管理规范》（T/CEC 847—2023）、《涉电力领域失信主体信用修复管理规范》（T/CEC 848—2023）、《电力征信用电数据隐私计算应用技术规范》（T/CEC 849—2023）4 项标准的编制及报批工作，形成了电力行业失信治理工作流程的标准化，使之更贴合当前电力行业信用评价的实际需要，强化了信用风险管理，促进了市场营商环境的良性发展。此外，标委会积极申报了《电力行业信用体系建设导则》《电力行业信用体系建设示范企业评价导则》两项行业标准及《电力企业信用风险防控规范》《电力行业信用体系建设示范企业评价导则》等中电联标准。

《涉电力领域市场主体失信行为认定规范》（T/CEC 846—2023），本文件适用于涉电力领域市场主体失信行为的认定，规定了涉电力领域市场主体严重失信行为和一般失信行为的认定规范。

《涉电力领域市场主体重点关注名单管理规范》（T/CEC 847—2023），本文件适用于涉电力领域市场主体各单位，规定了涉电力领域市场主体重点关注名单的管理规范。

《涉电力领域失信主体信用修复管理规范》（T/CEC 848—2023），本文件适用于涉电力领域"重点关注名单"失信主体信用修复工作，规定了涉电力领域失信主体信用修复管理的总体原则、实施主体和职责、修复条件、修复程序等内容。

《电力征信用电数据隐私计算应用技术规范》（T/CEC 849—2023），本文件适用于电力征信用电数据通过隐私计算技术在金融征信、政府大数据应用、企业征信等场景的应用，规定了电力征信用电数据应用隐私计算技术的一般要求、主体与责任、应用内容与隐私计算技术要求。

二、涉电力领域信用标准体系框架

在标准体系建设上，标委会细致梳理并优化了信用标准体系，以适应电力领域信用建设新趋势，依据国家能源体系要求和电力市场变化，确立了清晰、全面、分层迭代、结构合理的信用技术与管理标准框架，明确各层级间的关系，并已形成 2023 版信用标准体系草案，为后续修订提供了科学指导（见图 2-2）。

能源行业涉电力领域信用评价标委会成立后，积极推动团体标准、行业标准、国家标准乃至国际标准的立项和制定等工作。按照涉电力领域基础和通用、信息和系统、信用技术、信用管理等类别，搭建了涉电力领域信用标准体系框架。

依据"急用先行、成熟先上、重点突破"原则，面向电力设计、建设、发电、电网、售电、电力用户、供应商、综合能源服务企业等市场主体，建设完善包含信用基础术语、信用信息管理、信用评价管理、信用评价结果应用、征信应用、信用管理等类别的科学合理、协调统一、种类齐全的涉电力领域信用管理标准体系。

（1）基础和通用类。包括基本名词术语、符号标识、信用指南等，属于标准体系的基础层，作为涉电力领域信用体系建设及信用管理的统一基础概念。

（2）信息和系统类。主要对市场主体信用信息的采集、共享、应用和安全及信用信息系统建设等进行规范，是保障涉电力领域信用信息安全和使用的依据。

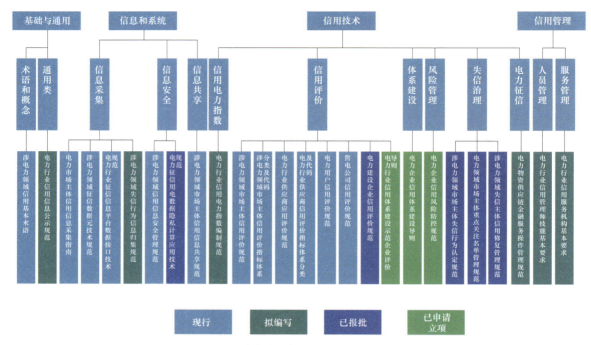

图 2-2　涉电力领域信用框架标准体系图

（3）信用技术类。对信用评价、指标分类分级、信用体系建设、风险管理、失信治理、电力征信等进行技术规范，注重评价流程、评价结果使用、采信应用的标准化。

（4）信用管理类。对涉电力领域市场主体、企业负责人及其从业人员的信用行为、信用表现、信用服务等方面进行规范，属于信用标准体系的具体应用层。

在上述四类标准体系的基础上，将结合行业信用体系发展的新理论、新趋势和新需求，围绕涉电力领域专业属性对电力设计、电力建设、发电、电网、售电、电力用户、供应商、电能服务、综合智慧能源服务企业等市场主体开展标准编制工作，构建符合社会及行业发展需要的信用管理标准体系框架。2023 年涉电力领域信用标准体系建设情况见表 2-2。

表 2-2　　　　　　　　　2023 年涉电力领域信用标准体系建设情况

序号	类别	名称	层级	状态
基础与通用	术语和概念	涉电力领域信用基本术语（T/CEC 576—2021）	中电联标准	现行
	通用类	电力行业信用信息公示规范	行业标准	拟编写
		电力行业信用承诺规范	行业标准	拟编写
信息和系统	信息采集	电力市场主体信用信息采集指南（DL/T 1834—2018）	行业标准	现行
		涉电力领域征信数据元技术规范（T/CEC 577—2021）	中电联标准	现行
		电力行业征信信息平台数据接口技术规范	中电联标准	报批中
		涉电力领域失信行为信息归集规范	中电联标准	拟编写

续表

序号	类别	名称	层级	状态
信息和系统	信息安全	涉电力领域信用信息安全管理规范（T/CEC 580—2021）	中电联标准	现行
		电力行业征信数据交换格式规范	中电联标准	拟编写
		电力征信用电数据隐私计算应用技术规范	中电联标准	已立项
	信息共享	涉电力领域市场主体信用信息共享规范（T/CEC578—2021）	中电联标准	现行
		征信信息数据库用户管理规范	中电联标准	拟编写
信用技术	信用电力指数	电力行业信用电力指数编制规范	行业标准	拟编写
	信用评价	涉电力领域市场主体信用评价规范（DL/T 1381—2023）	行业标准	现行
		涉电力领域市场主体信用评价指标体系分类及代码（DL/T 1382—2023）	行业标准	现行
		电力行业供应商信用评价规范（DL/T 1383—2023）	行业标准	现行
		电力行业供应商信用评价指标体系分类及代码（DL/T 1384—2023）	行业标准	现行
		电力用户信用评价规范（T/CEC 579—2021）	中电联标准	现行
		售电公司信用评价规范（T/CEC 764—2023）	中电联标准	现行
		电力建设企业信用评价规范	中电联标准	已报批
		涉电力领域市场主体信用评价报告编制导则	行业标准	拟编写
		电力企业信用评价报告编制指南	中电联标准	拟编写
		电力用户信用评价报告编制指南	中电联标准	拟编写
		电力供应商信用评价报告编制指南	中电联标准	拟编写
		涉电力领域市场主体商务信用评价规范	行业标准	拟编写
		涉电力领域市场主体商务信用评价报告编制规范	行业标准	拟编写
		电力行业信用体系建设示范企业评价导则	中电联标准	已立项
	体系建设	电力企业信用体系建设导则	行业标准	已立项
		电力行业供应商信用体系建设导则	行业标准	拟编写
		发电企业信用体系建设指南	中电联标准	拟编写
		电网企业信用体系建设指南	中电联标准	拟编写
		电力施工企业信用体系建设指南	中电联标准	拟编写
		电力设计企业信用体系建设指南	中电联标准	拟编写

序号	类别		名称	层级	状态
信用技术		体系建设	售电企业信用体系建设指南	中电联标准	拟编写
			电力用户信用体系建设指南	中电联标准	拟编写
		风险管理	电力企业信用风险防控规范	中电联标准	已立项
		失信治理	涉电力领域市场主体失信行为认定规范	中电联标准	已报批
			涉电力领域市场主体重点关注名单管理规范	中电联标准	已报批
			涉电力领域失信主体信用修复管理规范	中电联标准	已报批
			涉电力领域市场主体严重失信主体名单管理规范	中电联标准	拟编写
		电力征信	电力企业征信报告格式要求·基本信息报告	中电联标准	拟编写
			电力企业征信报告格式要求·专业信息报告	中电联标准	拟编写
		电力征信	电力物资供应链金融服务操作管理规范（T/CEC 766—2023）	中电联标准	现行
信用管理		人员管理	电力行业信用管理师技能基本要求	行业标准	拟编写
			电力企业从业人员信用档案建设规范	中电联标准	拟编写
			涉电力领域市场主体信用评价从业人员基本要求	中电联标准	拟编写
			电力企业信用档案建设规范	行业标准	拟编写
			电力行业供应商信用档案建设规范	中电联标准	拟编写
		服务管理	电力行业信用服务机构基本要求	中电联标准	拟编写
			电力行业信用服务机构业务规范	中电联标准	拟编写

三、标委会日常管理与建设

标委会在日常管理上显著提升了规范性，不仅加强了标准化专业知识的学习与实践，还紧密跟踪行业动态，依托平台优势，确保了标委会工作在资金与资源上的稳定供给；同时，建立了良好的沟通机制，促进标委会与委员、编制团队、专家、行业专家及标准化管理中心的互动，提升了标准的规范性与适用性。

在标准化服务层面，标委会的贡献显著，参与编纂了《电力标准化年度发展报告 2023》及《中国电力行业信用体系建设年度发展报告 2023》，系统概述了标委会结构、标准工作与成就，制定了《电力企业信用体系建设实施指南（试行）》以供企业实践。通过组织信用标准化培训与宣贯活动，加深了企业对信用标准的理解，推动了信用建设的业务知识积累。创新成果《电力行业信用体系建设协同推进机制的创建与实践》荣获中电联 2023 年度电力创新奖一等奖，有力证明了信用标准的引领作用。

第三节　评价体系建设

一、电力行业信用评价

中电联电力行业信用评价工作依据《涉电力领域市场主体信用评价规范》（DL/T 1381—2023）《电力行业供应商信用评价规范》（DL/T 1383—2023）及新能源、售电等五类企业评分细则（见表 2-3）开展工作，采用规范的程序和方法，对电力行业市场主体的信用状况进行评价，确定其信用等级，并通过电力行业信用信息平台'信用电力'进行共享，向社会公布（2023 年电力行业信用评价企业名单见附录 7）。电力行业信用评价工作流程如图 2-3 所示。

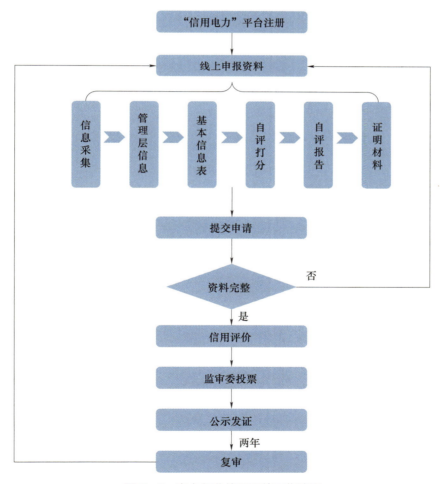

图 2-3　电力行业信用评价工作流程

表 2-3　　　　　　　　　　五 类 评 分 细 则 列 表

序号	评分细则名称
1	《新能源发电企业信用评价评分细则（试行）》
2	《售电公司信用评价评分细则（试行）》
3	《电力施工企业信用评价评分细则（试行）》
4	《电力监理企业信用评价评分细则（试行）》
5	《电力承装（修、试）企业信用评价评分细则（试行）》

（一）评价企业数量及等级分析

截至 2023 年底，累计申报电力行业信用评价并取得评价等级的企业共有 3357 家，其中初评企业 1598 家，复评企业 1759 家。获 AAA 级的评价企业共计 2254 家，占总数的 67.14%，获得 AAA-级的评价企业共计 499 家，占总数的 14.86%；获得 AA+级的评价企业共计 271 家，占总数的 8.07%；获得 AA 级的评价企业共计 237 家，占总数的 7.06%；获得 AA-级及以下的企业共计 52 家，占总数的 1.55%。2023 年评价企业总数为 591 家，同比增长 6.29%；累计 AAA 级（含 AAA-）企业 2753 家，占比 82.01%，同比增长 21.49%。企业信用评价等级分布情况如图 2-4 所示。

近年来，随着国家信用体系建设工作的推进，以及信用监管、采信应用工作的逐步深化，信用体系建设在中、小型民营企业间的重视程度不断提高，行业整体信用情况得到有效改善。近五年，参与电力行业信用评价的企业总数量呈明显上升趋势，2019—2023 年参与电力行业信用评价企业数量统计表见表 2-4。

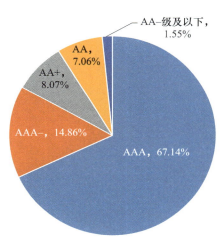

图 2-4　截至 2023 年底累计电力行业信用评价等级分布情况

表 2-4　　　　2019—2023 年参与电力行业信用评价企业数量统计表

数量＼年份	2019	2020	2021	2022	2023
参评企业总数	340	440	464	556	591
初评企业数量	165	233	184	203	220
复评企业数量	175	207	280	354	371

电力行业信用体系建设领导小组各成员单位有效推进信用体系建设，各所属企业积极参与行业信用评价。从参评数量上来看，参评企业数量靠前的是国家电网有限公司、中国华能集团有限公司、南方电网有限责任公司、国家能源投资集团有限责任。截至 2023 年底累计各电力集团公司及所属企业参评情况见表 2-5 和图 2-5。

表 2-5　　　　　　　　　　各电力集团公司所属企业累计参评数量统计

公司名称	初评数量（家）	复评数量（家）
国家电网有限公司	180	207
中国南方电网有限责任公司	118	179
中国华能集团有限公司	170	227
中国大唐集团有限公司	41	57
中国华电集团有限公司	117	49
国家能源投资集团有限责任公司	168	171
国家电力投资集团有限公司	56	76
中国长江三峡集团有限公司	51	14
中国核工业集团有限公司	1	1
中国广核集团有限公司	5	15
中国电力建设集团有限公司	41	81
中国能源建设集团有限公司	48	100
广东省能源集团有限公司	5	5
浙江省能源集团有限公司	5	8
协鑫集团有限公司	1	0
内蒙古电力（集团）有限责任公司	13	32
中国安能建设集团有限公司	2	0
中国电气装备集团有限公司	1	0
中国海洋石油集团有限公司	0	0
哈尔滨电气集团有限公司	0	0
中国东方电气集团有限公司	0	0
中国中煤能源集团有限公司	1	3
上海电气集团股份有限公司	0	0
特变电工股份有限公司	0	0
正泰集团股份有限公司	0	0
华为技术有限公司	0	0

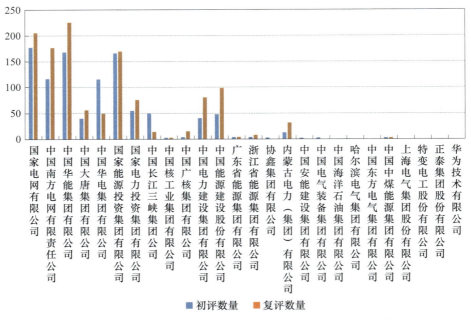

图 2-5　截至 2023 年底累计各电力集团公司所属企业参评情况

（二）评价企业类型分析

1. 初评企业

经统计，截至 2023 年底累计初次参与电力行业信用评价工作的涉电力领域市场主体共计 1598 家，以发电企业和电力建设（含电力承装修）企业为主。其中，发电企业 617 家，占全部参评企业数的 38.61%；建设企业 483 家，占比 30.23%；其他企业 184 家，占比 11.51%；设计企业 89 家，占比 5.57%。截至 2023 年底，累计电力行业信用评价初评企业类型分析情况如图 2-6、图 2-7 所示，各电力集团公司所属企业初评类型分布情况如图 2-8 所示、见表 2-6。

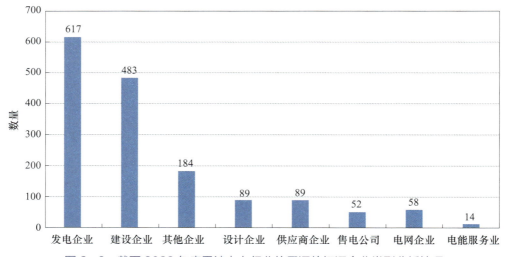

图 2-6　截至 2023 年底累计电力行业信用评价初评企业类型分析情况

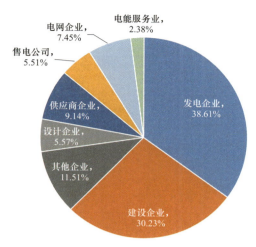

图 2-7　截至 2023 年底累计电力行业信用评级各类型企业初评占比情况

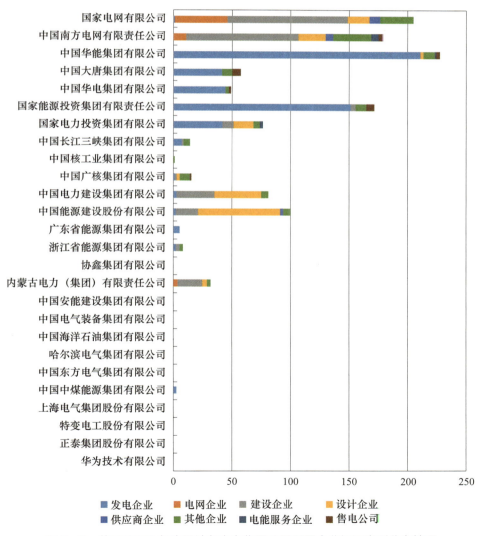

图 2-8　截至 2023 年底累计各电力集团公司所属企业初评类型分布情况

表 2-6 　　　　　截至 2023 年底累计各电力集团公司所属各类型企业初评数量

公司名称	发电企业	电网企业	建设企业	设计企业	供应商企业	售电公司	其他企业
国家电网有限公司	3	26	104	15	9	0	23
中国南方电网有限责任公司	4	28	48	15	3	3	17
中国华能集团有限公司	155	1	0	1	0	9	3
中国大唐集团有限公司	25	0	1	0	3	8	4
中国华电集团有限公司	106	0	2	0	0	2	7
国家能源投资集团有限责任公司	141	0	4	1	0	13	8
国家电力投资集团有限公司	43	0	4	3	0	2	4
中国长江三峡集团有限公司	46	0	1	1	0	0	3
中国核工业集团有限公司	0	0	0	0	0	0	1
中国广核集团有限公司	1	0	1	1	0	0	2
中国电力建设集团有限公司	2	0	18	12	3	0	6
中国能源建设集团有限公司	2	0	14	21	6	0	5
广东省能源集团有限公司	4	0	0	0	0	0	1
浙江省能源集团有限公司	2	0	2	0	0	0	1
协鑫集团有限公司	1	0	0	0	0	0	0
内蒙古电力（集团）有限责任公司	0	1	6	3	1	0	2
中国安能建设集团有限公司	0	0	2	0	0	0	0
中国电气装备集团有限公司	0	0	0	0	1	0	0
中国海洋石油集团有限公司	0	0	0	0	0	0	0
哈尔滨电气集团有限公司	0	0	0	0	0	0	0
中国东方电气集团有限公司	0	0	0	0	0	0	0
中国中煤能源集团有限公司	2	0	0	0	0	0	0
上海电气集团股份有限公司	0	0	0	0	0	0	0
特变电工股份有限公司	0	0	0	0	0	0	0
正泰集团股份有限公司	0	0	0	0	0	0	0
华为技术有限公司	0	0	0	0	0	0	0

2. 复评企业

截至 2023 年底累计参加电力行业信用评价复评企业共计 1759 家。其中，发电企业 620 家，占全部参评企业数的 35.25%；建设企业 520 家，占比 29.56%；设计企业 204 家，占比 11.60%。截至 2023 年底累计电力行业信用评价复评企业类型分析情况如图 2-9、图 2-10 所示。各电力集团公司所属企业复评类型分布情况见表 2-7。

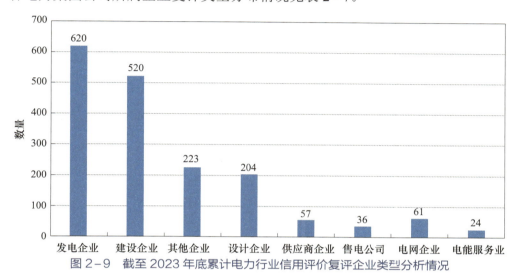

图 2-9　截至 2023 年底累计电力行业信用评价复评企业类型分析情况

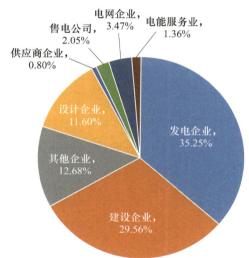

图 2-10　截至 2023 年底累计参加电力行业信用评价复评企业各类型占比情况

表 2-7　　　　　　截至 2023 年底累计各电力集团公司所属各类型企业复评数量

公司名称	发电企业	电网企业	建设企业	设计企业	供应商企业	其他企业	电能服务企业	售电公司
国家电网有限公司	1	45	103	18	9	29	0	0
中国南方电网有限责任公司	0	11	95	24	6	33	6	4
中国华能集团有限公司	210	0	1	2	0	10	1	3

公司名称	发电企业	电网企业	建设企业	设计企业	供应商企业	其他企业	电能服务企业	售电公司
中国大唐集团有限公司	41	0	0	0	1	8	0	7
中国华电集团有限公司	45	0	0	0	0	2	0	2
国家能源投资集团有限责任公司	151	0	4	0	0	9	0	7
国家电力投资集团有限公司	42	0	9	17	0	6	2	0
中国长江三峡集团有限公司	7	0	2	0	0	5	0	0
中国核工业集团有限公司	0	0	0	0	0	1	0	0
中国广核集团有限公司	1	0	2	3	0	8	0	1
中国电力建设集团有限公司	3	0	32	40	0	6	0	0
中国能源建设集团有限公司	2	0	19	70	3	6	0	0
广东省能源集团有限公司	5	0	0	0	0	0	0	0
浙江省能源集团有限公司	2	0	3	0	0	3	0	0
协鑫集团有限公司	0	0	0	0	0	0	0	0
内蒙古电力（集团）有限责任公司	0	4	21	4	0	3	0	0
中国安能建设集团有限公司	0	0	0	0	0	0	0	0
中国电气装备集团有限公司	0	0	0	0	0	0	0	0
中国海洋石油集团有限公司	0	0	0	0	0	0	0	0
哈尔滨电气集团有限公司	0	0	0	0	0	0	0	0
中国东方电气集团有限公司	0	0	0	0	0	0	0	0
中国中煤能源集团有限公司	3	0	0	0	0	0	0	0
上海电气集团股份有限公司	0	0	0	0	0	0	0	0
特变电工股份有限公司	0	0	0	0	0	0	0	0
正泰集团股份有限公司	0	0	0	0	0	0	0	0
华为技术有限公司	0	0	0	0	0	0	0	0

（三）评价企业等级结构分析

1. 初评企业

截至 2023 年底累计参加电力行业信用评价初评的 1598 家企业中，等级及占比情况分别为：AAA 级 955 家（占比 59.76%）、AAA－级 251 家（占比 15.71%）、AA＋级 157

家（占比 9.82%）、AA 级 156 家（占比 9.76%）、AA－级 41 家（占比 2.57%）、A＋级 21 家（占比 1.31%）、A 级 14 家（占比 0.88%），其中获得 AA 级（含）以上的企业共计 1519 家（占比 95.06%）。信用评价等级达到 AA 级（含）以上，即表示企业经营状况良好、信用记录优良、发展前景广阔，对履行相关经济和社会责任能够提供强的安全保障，不确定因素对经营发展的影响较小。参加电力行业信用评价初评企业等级分布及占比情况如图 2－11 和图 2－12 所示。

在参加电力行业信用评价初评的 1598 家企业中，电力行业信用体系建设领导小组成员单位及所属企业共计 1018 家，占参加电力行业信用评价初评企业总数的 63.70%。其中获得 AAA 级的企业 665 家，占比 65.32%；获得 AAA－级企业共计 139 家，占比 13.65%；获得 AA＋级企业共计 95 家，占比 9.33%；获得 AA 级企业共计 87 家，占比 8.55%（见图 2－13）。

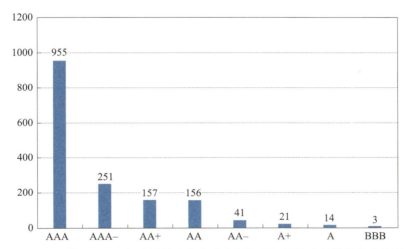

图 2－11 截至 2023 年底累计电力行业信用评价初评的企业等级分布情况

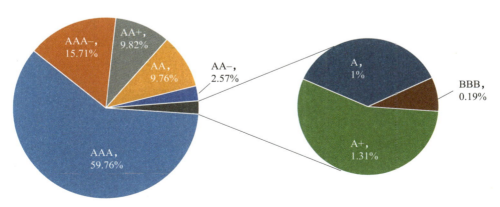

图 2－12 截至 2023 年底累计电力行业信用评价初评的企业等级占比情况

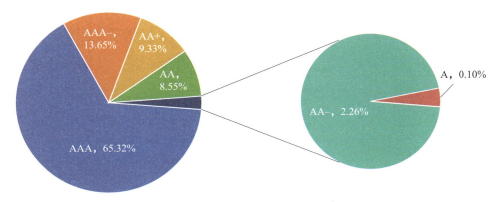

图 2-13　截至 2023 年底累计电力行业信用体系建设领导小组成员单位及
所属企业参加电力行业信用评价初评企业获得等级占比情况

2. 复评企业

截至 2023 年底累计参加电力行业信用评价复评的 1759 家企业中，获得评价等级和占比
情况为：AAA 级 1299 家（73.85%）、AAA-级 248 家（14.10%）、AA+级 114 家（6.48%）、
AA 级 81 家（4.60%）、AA-级 11 家（0.63%）、A+级 3 家（0.17%）、A 级 2 家（0.11%），C
级 1 家（0.06%）。从复评等级占比情况来看，AAA、AAA-级企业的复评参与度较高，会持
续保持信用良好状态，部分等级略低的企业存在未参与复评而信用等级过期的情况。参加电
力行业信用评价复评企业等级分布及占比情况如图 2-14 和图 2-15 所示。

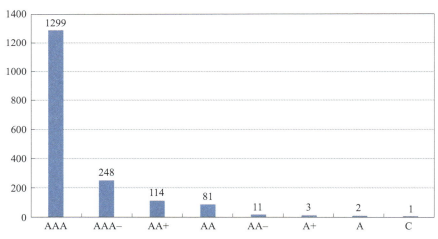

图 2-14　截至 2023 年底累计电力行业信用评价复评的企业等级分布情况

在参加电力行业信用评价复评的 1759 家企业中，电力行业信用体系建设领导小组成员单
位及所属企业共计 1221 家，占参加电力行业信用评价复评企业总数的 69.41%。其中 AAA 级
企业 945 家，占比 77.40%；AAA-级企业 148 家，占比 12.12%；AA+级企业 70 家，占比
5.73%；获得 AA 级企业共计 50 家，占比 4.10%（见图 2-16）。

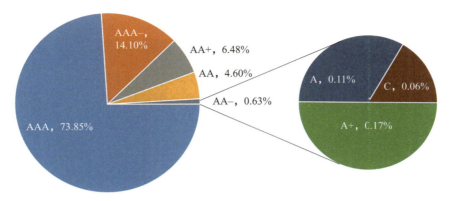

图 2-15　截至 2023 年底累计电力行业信用评价复评的企业等级占比情况

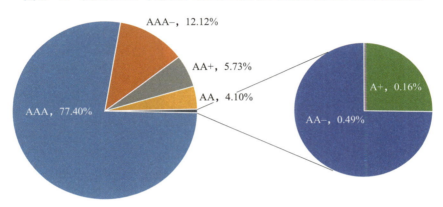

图 2-16　截至 2023 年底累计电力行业信用体系建设领导小组成员单位及所属企业
参加电力行业信用评价复评企业获得等级占比情况

（四）评价企业地域结构分析

截至 2023 年底，累计参与电力行业信用评价企业地域分布情况如图 2-17 所示。广东、

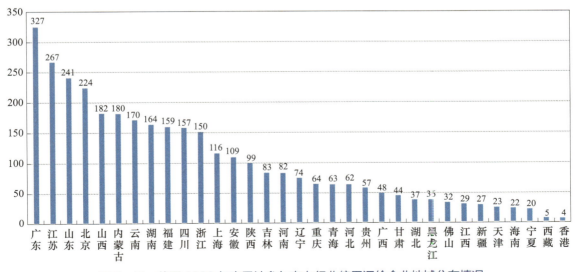

图 2-17　截至 2023 年底累计参与电力行业信用评价企业地域分布情况

江苏、山东、北京、山西、云南、内蒙古、湖南、福建、浙江等地，电力行业信用工作整体推进情况较好，获得区域有关信用主管部门政策支持力度较大，能够积极推动电力行业信用评价结果落地，参评企业数量明显高于其他地区，其中广东省参评企业数量最多，共计 327 家，占参评企业总数量的 9.74%。参评企业数量最少的是香港，占比为 0.12%。

（五）2023 年度电力行业信用评价情况分析

2023 年度参加电力行业信用评价企业共计 591 家，较 2022 年同比增长 6.29%。其中初评企业 220 家，同比增长 8.91%，复评企业 371 家，同比增长 4.80%。

1. 参加评价企业等级结构情况分析

2023 年度参加评价企业等级和占比情况为：AAA 级 405 家（68.53%）、AAA－级 82 家（13.87%）、AA＋级 52 家（8.80%）、AA 级 40 家（6.77%）、AA－级 7 家（1.18%）、A＋级 2 家（0.34%）、A 级 3 家（0.51%）。等级结构情况及占比如图 2－18、图 2－19 所示。

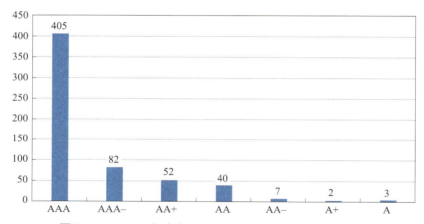

图 2－18　2023 年度电力行业信用评价企业等级结构情况

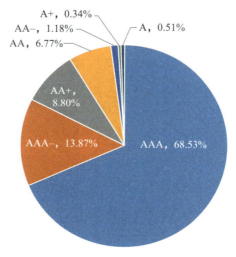

图 2－19　2023 年度电力行业信用评价企业等级占比情况

2. 各电力集团公司及所属企业参评情况分析

2023 年度电力行业信用评价参评企业保持稳定增长，各电力集团公司积极贯彻国家、部委及行业信用体系建设的部署要求，持续加强企业信用体系建设。2023 年度各电力集团公司及所属企业参加电力行业信用评价企业数量情况如图 2-20 所示。

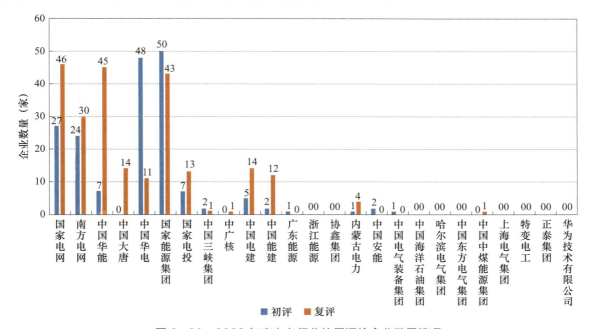

图 2-20 2023 年度电力行业信用评价企业数量情况

3. 参评企业等级变动情况分析

2023 年企业信用评价等级有变动 23 家，其中企业等级升级 17 家，以国有企业为主。近年来各电力集团公司陆续建立了自上而下的信用体系建设推动机制，各所属企业对信用管理愈加重视，设置了信用管理部门和信用管理人员，企业信用管理水平得到有效提升。2023 年各类型企业评价升级数量如图 2-21 所示。

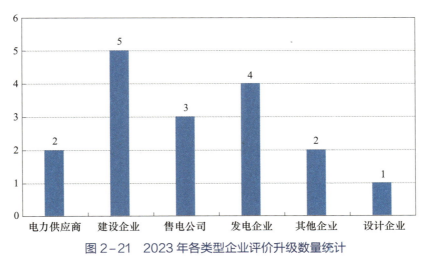

图 2-21 2023 年各类型企业评价升级数量统计

其中企业降级 6 家，主要以建设企业为主。总体情况分析：因疫情等因素影响，企业近三年财务状况一般，导致信用评价财务部分失分较多，部分企业存在行政处罚未及时消除处罚记录，在不良记录中扣分，导致降低等级。2023 年各类型企业评价降级数量如图 2－22 所示。

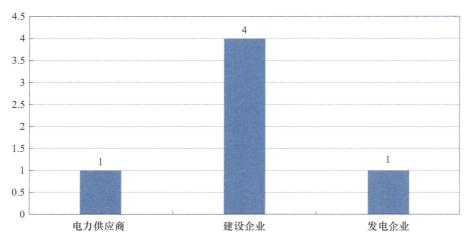

图 2－22　2023 年各类型企业评价降级数量统计

4.参评企业行政处罚情况分析

在开展电力行业信用评价中，不良记录主要考核企业是否受到能源、环保、司法、工商、质检、安监、金融、海关等部门的行政处罚。2023 年度，电力行业信用评价参评企业的不良信用记录和行政处罚主要集中在市场监管处罚和环保处罚且多存在于发电企业和电力施工企业中（见表 2－8）。通过对 591 家企业样本进行分析，存在行政处罚的企业 42 家，占比 7.10%，其中发电企业 35 家，建设企业 5 家，电网企业 1 家，设计企业 1 家。其中 23 家发电企业的行政处罚是环保电价扣减问题，不属于主观失信行为，在信用评价中不予扣分。

表 2－8　　　　　　　　2023 年度电力行业信用评价参评企业行政处罚记录统计表

企业类型	环保处罚	市场监管处罚	消防处罚	违法占地处罚	安全处罚
发电企业	1	24	4	3	3
电力建设企业	0	4	0	0	1
电网企业	0	0	1	0	0
设计企业	0	1	0	0	0

二、商务信用评价服务

电力供应商商务信用评价服务，是为电力企业开展供应商分类管理、简化集采和招投标审核流程提供有效支撑。商务信用综合评价是通过科学、标准的评价体系对涉电力领域市场主体在电力生产、输送、销售、应用及服务等环节的经营发展过程中执行国家相关法律法规、产业政策、市场规则，参与社会活动、承担社会责任、履行相关合约的意愿、能力和表现进行综合评价，并得出确定结果的行为；是综合社会各类信用信息对涉电力领域市场主体等信用状况客观反映并进行分类管理的信用管理手段，如图2-23所示。

1 对目标企业近三年的数据通过评价模型计算出分值，分为优、良、中、差四个等级。

2 典型应用：物资招采过程中，对商务信用等级折算商务部分评分，优级+5分，良级+3分，中级+1分，差级+0分。

图2-23　电力供应商商务信用评价等级

评价工作综合信用中国、信用能源等信用信息平台推送的黑名单、重点关注名单、司法判决、工商处罚等社会信用表现信息，对参评的企业开展商务信用综合评价，形成"商务信用综合评价打分卡"。通过汇总当期受评企业的商务信用综合评价分值，确定评价等级，并出具评价报告（见图2-24）。

图2-24　商务信用综合评价报告

第四节 信 用 电 力 指 数

信用电力指数的创新应用标志着中电联在电力行业信用体系建设方面的重大进展,不仅提升了行业信用建设的整体质量和水平,而且促进了信用理念、信用制度和信用手段与电力行业各个方面的深度融合。这一举措遵循公正、公开、科学、合规的原则,以电力集团公司及其下属企业的工商、司法、税务等公开数据为基础,结合"信用中国"和电力交易平台等权威信息源,以及中电联积累的丰富电力行业数据。

通过运用先进的大数据技术,信用电力指数实现了对各项指标和权重的精确计算,确保了评价过程的客观性和准确性。它能够自动跟踪监测电力行业整体及各电力集团公司的信用状况变化,进行实时的信用评价和排名,并将评价结果通过动态展示的方式向公众和行业内部进行透明呈现。

此外,信用电力指数的监测系统还具备风险预警功能,能够及时识别和提示潜在的信用风险,为电力企业提供决策支持,帮助它们更好地管理和控制信用风险。这一系统的建立和应用,不仅增强了中电联在电力行业信用服务领域的专业能力,也为电力行业健康、可持续发展提供了有力支撑,进一步巩固了中电联在推动行业信用体系建设中的领导地位。

一、信用电力指数及其意义

电力行业信用体系建设是完善中国特色社会主义市场经济体制、加强社会治理、提升企业竞争力和推动行业高质量发展的关键环节。作为市场主体信息共享单位,中电联受国家发展改革委的委托,多年来积极推进电力行业信用体系建设,强化备案信息管理和信用信息归集,与政府部门合作加强信用激励和惩戒机制建设。

在此基础上,为响应中央关于社会信用体系建设的指导意见,中电联发挥行业组织优势,创新开展"信用电力指数"研究与监测。持续优化以各级各类企业为测评主体的"信用电力指数"研究及监测排名工作,首次发布信用电力指数监测情况和排名报告,旨在推动电力集团信用指标横向对标、查漏补缺,提升企业信用管理能力,防范化解信用风险,促进电力行业的稳定和可持续发展。

"信用电力指数"创新为行业提供了一个标准化的信用评价体系,将明显增强电力行业信用状况的透明度,帮助金融机构和投资者进行风险评估,促进企业自我提升和市场公平竞争。同时,信用电力指数的发布和创新应用增强了中电联在电力行业的话语权和影响力,促进了行业内外的交流与合作。

二、信用电力指数模型与内容

（一）信用电力指数指标模型

1. 信用电力指数指标体系构建

（1）指标池建立。中电联基于国家政策和行业标准确立理论基础，设计包含一级、二级和三级指标框架。一级指标涵盖守信能力、守信表现和守信意愿三个方面，用来反映电力行业在各个重要方面的运营情况。进一步细化二级和三级指标，确保指标体系的全面性和适用性（如守信能力包括集团公司的股权结构、资本实力等；守信表现包括司法守法、工商信用等；守信意愿涉及信用评价等）。指标池的数据来源于权威的电力征信平台，该平台整合了工商、司法、税务等多源数据，形成庞大的数据库，以支撑指标的实时监测和计算。

（2）科学实用的指标体系构建。为确保全面性、客观性、动态性、可比性、实用性、透明度、科学性、平衡性、灵活性和可持续性，覆盖企业在财务、运营、管理、社会责任等多个方面的信用表现，并基于可量化的客观数据来确保评价的公正性与准确性。同时，能够适应市场和政策的变化，提供易于理解和应用的标准，便于不同企业间的信用状况比较和分析，中电联不断地评估、调整和完善，形成信用电力指数指标体系，以适应行业发展的需要；同时鼓励各有关企业为构建完善的指标体系及在环境保护和社会责任等方面做出贡献，为电力行业的健康发展提供有力支持。

（3）数据测算。理论模型经过深化应用，成功转入数据测算和权重方案初步确定阶段，为模型的实证分析和后续调整打下了坚实基础。其次，通过分阶段策略，第一阶段由中电联理事长和副理事长单位参与，筛选有效数据指标并确定权重；第二阶段则扩展至所有会员单位，全面监测指标分布。在数据测算中，确立了确保数据可得性、公平性和处理异常值的明确原则，采用公开的企业信用信息，并通过累计值消除时间差异，对异常值进行合理处理。

测算过程中，严格应用统计学理论，特别是正态分布和标准差，确保指数的科学性和引导作用，通过精细化控制标准差，提高了指数的稳定性和可靠性。此外，数据测算是一个持续优化和迭代的过程，结合行业反馈和技术方法创新，不断提升测算效率和准确性。信用电力指数已成为推动行业信用建设的重要工具，有效促进了行业信用水平的提升和信用环境的优化。整体而言，信用电力指数的数据测算工作标志着我国电力行业信用评价体系进入了更科学、更合理、更有效的新阶段。

2. 信用电力指数指标模型框架与主要内容

根据相关国家文件和标准,中电联经与多方沟通讨论并征求意见,建立了包含守信能力、守信表现、守信意愿 3 个一级指标、16 个二级指标和 48 个三级指标在内的信用电力指数指标模型(模型框架见图 2-25)。

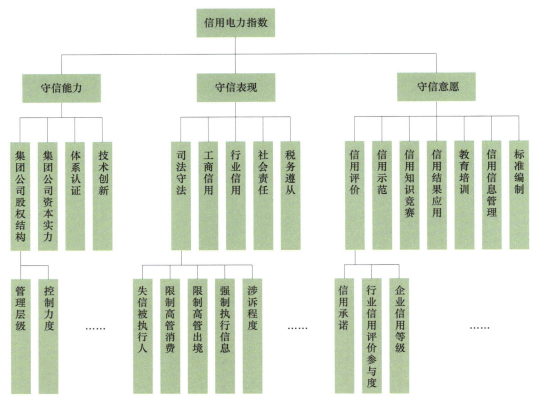

图 2-25 信用电力指数指标模型框架

(1)守信能力。守信能力是指监测主体遵守并履行义务或承诺、实现自身价值的综合性能力,权重占比 15%,包括集团公司股权结构、集团公司资本实力、体系认证和技术创新 4 个二级指标,下设 11 个三级指标。

(2)守信表现。守信表现是指监测主体遵守并履行义务或承诺的行为表现,权重占比 65%,包括司法守法、工商信用、行业信用、社会责任和税务遵从 5 个二级指标,下设 22 个三级指标。

(3)守信意愿。守信意愿是指监测主体遵守并履行义务或承诺的意愿,权重占比 20%,包括信用评价、信用示范、信用知识竞赛、信用结果应用、教育培训、信用信息管理和标准编制 7 个二级指标,下设 15 个三级指标。

信用电力指数指标体系主要内容见表 2-9,详细内容见附录 4。

表2-9 信用电力指数指标体系主要内容

一级指标	二级指标	主要内容
守信能力	集团公司股权结构	包含管理层级和控制力度。根据股权结构及比例考察集团和下属企业股权和层级设置情况，反映企业治理结构搭建、管控情况是否合理、合规及掌控力度
	集团公司资本实力	包含经营资本、投资规模、资本效率情况。反映集团及所属企业的资本实力、企业的资金治理和管控情况，是否存在资金风险
	体系认证	考察企业是否拥有质量体系、环境体系、安全体系、能源管理体系等经营管理相关认证情况，反映企业管理的系统性和规范性
	技术创新	查验企业拥有的知识产权和荣誉奖项数量与质量，以反映企业科技创新能力
守信表现	司法守法	根据企业是否存在失信被执行人、限制高管消费、限制高管出境、强制执行信息、涉诉程度、股权冻结、严重违法、行政违法等情况，从而反映企业的法律风险、行政守规表现
	工商信用	根据是否存在经营异常、行政处罚、合同违约、动产抵押、股权质押等情况，考察企业遵守工商行政管理及相关规范的表现
	行业信用	根据企业是否进入能源安全生产黑名单、能源行政处罚名单、失信联合惩戒名单、重点关注名单等情况，来反映企业在行业内的出现行政违规处罚、安全生产事件和重大失信情况，从而研判企业在行业中生产运营信用风险
	社会责任	考察企业是否存在劳动争议、环境处罚等情况，反映企业履行社会责任和义务的情况
	税务遵从	考察企业纳税信用、欠税信息、税收违法等情况，反映税务方面的信用
守信意愿	信用评价	根据企业信用承诺执行、行业信用评价参与度和企业信用评价等级，反映企业信用管理水平、信用体系建设状况和信用等级
	信用示范	根据集团公司所获得的信用示范企业数量，体现企业信用体系建设效果
	信用知识竞赛	包含信用知识竞赛参与度与各类奖项获得的情况，体现企业开展信用工作积极性、员工信用知识与能力水平等
	信用结果应用	包含电力征信公共信用报告应用、行业信用评价结果应用、行业自律结果等的应用情况，反映企业运用信用的效果
	教育培训	根据企业对员工就信用相关理论知识、技术技能、思想意识等培训情况，反映电力企业对信用人才培养重视程度
	信用信息管理	包括企业对信用信息归集数量、质量情况
	标准编制	根据标准编制参与度，反映企业信用体系建设积极性和管理情况

（二）信用电力指数数据来源

信用电力指数的数据来自中电联电力征信平台。电力征信平台对接了信用中国、信用能源、信用电力、国家质量监督总局、中国执行信息公开网、国家企业信用信息公示系统、中国裁判文书网等的数据，数据来源权威可靠、稳定及时。目前电力征信平台归集了 35 万家涉电力领域企业、4 亿余条工商、司法、税务、招投标、失信联合惩戒、重点关注名单、信用评价等公开数据及中电联电力行业大数据信息，形成了庞大的电力征信数据库，为信用电力指数工作的开展奠定了坚实的基础。

三、信用电力指数监测系统

信用电力指数监测系统，作为电力行业信用体系建设的创新之作，正以其"交互型、工具型"的建设理念，塑造一个集信用电力指数计算、信用风险监测、企业族谱查询功能于一体的数字化服务平台。该平台不仅为集团公司提供了深入了解自身信用体系建设现状的窗口，而且通过其强大的数据分析和处理能力，赋予企业提升信用管理水平的新动能，推动整个电力行业信用体系向更高质量发展阶段迈进。

"信用电力指数"监测排名的全线上模式——线上采集、线上评定、线上发布，标志着信用管理服务的重大创新。这一模式通过自动化的测评流程，为电力集团公司提供了一个便利、高效的指数评分与日常监测管理服务，极大提升了评分效率和准确性。

该系统依托庞大的电力征信数据库、科学的指标模型和自动打分评价系统，实现了对集团公司和其所属企业的信用实时监测和动态评价，推动了企业信用建设指标横向对比，提升了信用管理及防范化解信用风险能力，该项目也是中电联首次全方位梳理会员企业和主要电力集团的研究工作，并形成了第一份电力企业族谱，对于中电联厘清电力企业构成、提升行业服务能力具有重要意义。

四、信用电力指数监测

（一）监测范围和分类

信用电力指数监测系统对全国 657 家与电力生产经营相关的集团企业及其下属单位共68403 家企业进行全方位实时信用监测（不包含华北电力大学、全球能源互联网发展合作组织以及协会、商会等未具体从事电力生产的单位组织），数据监测周期为三年。监测企业类型包括发电、电网、电力施工、电力设计、电力行业供应商、综合能源服务、售电、电力用户等。对于各集团企业族谱中所属各级企业的认定，遵循上一级公司持有该有限公司 51% 股权（含）以上，或持有该股份有限公司 34% 股权（含）以上，或具有实际控制权的原则，追溯至第七级企业。监测集团企业按九个类别进行分类、梳理、测算，排名分类与相关监测集团企业家数如下：

（1）中电联理事长、副理事长单位，监测集团企业 24 家。

（2）中电联常务理事、理事单位，监测集团及企业 213 家。

（3）中电联普通会员单位，监测集团及企业 813 家。

（4）区域（地方）能源集团，监测涉电力集团及企业 65 家。

（5）世界 500 强，监测涉电力集团企业 15 家。

（6）中国能源 500 强，监测涉电力集团企业 76 家。

（7）中国财富 500 强，监测涉电力集团企业 40 家。

（8）中国大陆上市公司，监测涉电力集团企业 136 家。

（9）其他集团（非中电联会员），监测涉电力集团企业 52 家。

（二）监测及得分情况

2023 年 12 月 31 日 24 时的监测结果显示，信用电力指数最高 88.43 分，最低 61.55 分，行业标准值为 72.67 分，比上期 72.37 分增加 0.30 分，如图 2-26 所示。

信用电力指数行业标准值 72.67 分，其中守信能力 10.83 分，比上期增加 0.01 分，增长 0.10%，分率 43.32%。技术创新、资本实力和体系认证等方面有所改善，反映了企业在履行义务和承诺、实现价值方面的综合性能力提升；守信表现 56.90 分，比上期增加 0.32 分，得分率 94.83%，社会责任、工商信用和司法守法等二级指标的改善，表明企业在实际行为上更好地遵守并履行了义务和承诺；守信意愿 4.94 分，比上期减少 0.03 分，得分率 32.93%，信用示范、信用知识竞赛和标准编写得分下降，需要引起关注，这涉及企业主动遵守和履行义务或承诺的意愿。

监测情况显示，657 家集团企业中，在行业标准值以上的集团企业共 322 家，占比 49.01%。其中 80 分以上的 11 家，占比 1.67%。综合排名前 50 名分别是国家电网有限公司、中国长江三峡集团有限公司、中国华能集团有限公司等，如图 2-27 所示。

从监测风险指标信息来看，截至 2023 年第四季度电力行业累计发生失信被执行人 1089 条，限制高管消费 2533 条，失信联合惩戒 292 条，涉诉案件 43627 条，行政违法 5277 条，行政处罚 6410 条，严重违法 240 条，经营异常 3523 条，能源安全生产黑名单 3 条，能源行政处罚 817 条，环境处罚 1910 条，欠税信息 583 条，信用风险预警信息减少 11067 条，降低 10.69%；涉及风险信息的企业总体增加 400 家，增长 3.37%。

从总体情况来看，信用风险预警信息在本期整体呈现减少趋势，但企业涉及风险的数量有所上升。尽管如此，某些风险指标如失信联合惩戒和股权冻结出现显著增长，而涉诉案件和行政违法等指标则显著减少。北京在预警信息数量上居首。这些变化可能与政策调整和市场环境变化紧密相关，需要进一步分析以确定具体原因，并采取相应措施来降低信用风险。包括对增长显著的风险指标进行深入分析，找出原因并制订应对策略；加强对预警信息较多的地区如北京的监管；持续监测信用风险变化，及时调整预警机制以确保风险可控；以及加强与企业的沟通，提升企业对信用风险的认识和防范能力。

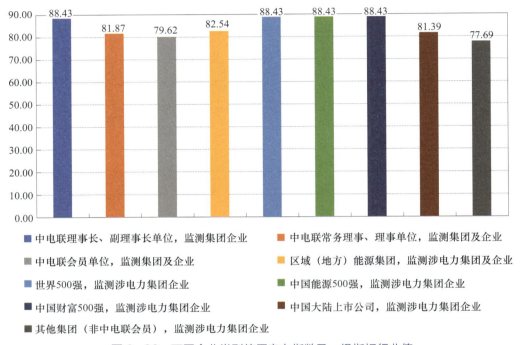

- ■ 中电联理事长、副理事长单位，监测集团企业
- ■ 中电联常务理事、理事单位，监测集团及企业
- ■ 中电联会员单位，监测集团及企业
- ■ 区域（地方）能源集团，监测涉电力集团及企业
- ■ 世界500强，监测涉电力集团企业
- ■ 中国能源500强，监测涉电力集团企业
- ■ 中国财富500强，监测涉电力集团企业
- ■ 中国大陆上市公司，监测涉电力集团企业
- ■ 其他集团（非中电联会员），监测涉电力集团企业

图 2-26 不同企业类别信用电力指数及一级指标行业值

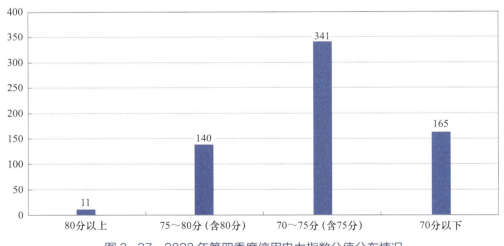

图 2-27 2023 年第四季度信用电力指数分值分布情况

总的来说电力行业整体信用水平呈上升趋势，多数企业在守信能力、守信表现和守信意愿方面表现良好，但仍有部分企业在守信意愿上出现下降，需要引起行业关注。此外，信用风险预警信息的地域分布和事件类型变化也应成为未来监测的重点。

（三）监测分类排名情况

1. 中电联理事长、副理事长单位

中电联理事长、副理事长单位，监测集团企业 24 家，信用电力指数最高分 88.43 分，最低分 65.69 分，平均分 78.55 分，高于行业标准值（72.67 分）5.88 分，整体信用表现良好。该类型企业中，信用电力指数最高分获得者为国家电网有限公司，见表 2-10。

表 2-10　　　　　　中电联理事长、副理事长单位 2023 年第四季度
信用电力指数监测排名（TOP10）

排名	企业名称
1	国家电网有限公司
2	中国长江三峡集团有限公司
3	中国华能集团有限公司
4	国家能源投资集团有限责任公司
5	中国广核集团有限公司
6	国家电力投资集团有限公司
7	广东省能源集团有限公司
8	中国南方电网有限责任公司
9	浙江省能源集团有限公司
10	中国大唐集团有限公司

2. 中电联常务理事、理事单位

中电联常务理事、理事单位，监测集团及企业 213 家，信用电力指数最高分 81.87 分，最低分 66.57 分，平均分 75.75 分，高于行业标准值（72.67 分）3.08 分。该类型企业中，信用电力指数最高分获得者为国网湖北省电力有限公司，见表 2-11。

表 2-11　　　　　　中电联常务理事、理事单位 2023 年第四季度
信用电力指数监测排名（TOP10）

排名	企业名称
1	国网湖北省电力有限公司
2	国网浙江省电力有限公司
3	中国长江电力股份有限公司
4	国网江苏省电力有限公司

续表

排名	企业名称
5	国家电投集团黄河上游水电开发有限责任公司
6	国网陕西省电力有限公司
7	国网山东省电力公司
8	广东电力发展股份有限公司
9	国网福建省电力有限公司
10	中国广核电力股份有限公司

3. 中电联普通会员单位

中电联普通会员单位，监测集团及企业 813 家，信用电力指数最高分 79.62 分，最低分 61.55 分，平均分 72.72 分，高于行业标准值（72.67 分）0.05 分。该类型企业中，信用电力指数最高分获得者为浙江省新能源投资集团股份有限公司，见表 2-12。

表 2-12　　　　　　中电联普通会员单位 2023 年第四季度
信用电力指数监测排名（TOP10）

排名	企业名称
1	浙江省新能源投资集团股份有限公司
2	宁波东方电缆股份有限公司
3	中国能源建设集团江苏省电力设计院有限公司
4	电力规划总院有限公司
5	华能海南发电股份有限公司
6	国网英大国际控股集团有限公司
7	华电电力科学研究院有限公司
8	中国电建集团华东勘测设计研究院有限公司
9	南京南瑞继保电气有限公司
10	中国电能成套设备有限公司

4. 区域（地方）能源集团

区域（地方）能源集团，监测涉电力集团及企业 65 家，信用电力指数最高分 82.54 分，最低分 61.88 分，平均分 73.40 分，高于行业标准值（72.67 分）0.73 分。该类型企业中，信用电力指数最高分获得者为广东省能源集团有限公司，见表 2-13。

表 2-13　　　　　　　　区域（地方）能源集团 2023 年第四季度
信用电力指数监测排名（TOP10）

排名	企业名称
1	广东省能源集团有限公司
2	浙江省能源集团有限公司
3	内蒙古电力（集团）有限责任公司
4	信发集团有限公司
5	广州发展集团股份有限公司
6	申能（集团）有限公司
7	江西赣能股份有限公司
8	河南豫能控股股份有限公司
9	北京能源集团有限责任公司
10	湖北能源集团股份有限公司

5. 世界 500 强

2023 年《财富》世界 500 强排行榜监测涉电力集团企业 15 家，信用电力指数最高分 88.43分，最低分 65.69 分，平均分 77.67 分，高于行业标准值（72.67 分）5.00 分。该类型企业中，信用电力指数最高分获得者为国家电网有限公司，见表 2-14。

表 2-14　　　　　　　　世界 500 强中涉电力集团企业 2023 年第四季度
信用电力指数监测排名（TOP10）

排名	企业名称
1	国家电网有限公司
2	中国华能集团有限公司
3	国家能源投资集团有限责任公司
4	国家电力投资集团有限公司
5	中国南方电网有限责任公司
6	中国大唐集团有限公司
7	中国华电集团有限公司
8	中国能源建设集团有限公司
9	中国核工业集团有限公司
10	宁德时代新能源科技股份有限公司

6．中国能源 500 强

中国能源经济研究院"2023 中国能源企业（集团）500 强榜单"监测涉电力集团企业 76
家，信用电力指数最高分 88.43 分，最低分 64.20 分，平均分 75.07 分，高于行业标准值（72.67
分）2.40 分。该类型企业中，信用电力指数最高分获得者为国家电网有限公司，见表 2－15。

表 2－15　　　　　中国能源 500 强中涉电力集团企业 2023 年第四季度
信用电力指数监测排名（TOP10）

排名	企业名称
1	国家电网有限公司
2	中国长江三峡集团有限公司
3	中国华能集团有限公司
4	国家能源投资集团有限责任公司
5	中国广核集团有限公司
6	国家电力投资集团有限公司
7	广东省能源集团有限公司
8	中国南方电网有限责任公司
9	浙江省能源集团有限公司
10	中国大唐集团有限公司

7．中国财富 500 强

2023 年《财富》中国 500 强排行榜监测涉电力集团企业 40 家，信用电力指数最高分 88.43
分，最低分 65.69 分，平均分 76.60 分，高于行业标准值（72.67 分）3.93 分。该类型企业中，
信用电力指数最高分获得者为国家电网有限公司，见表 2－16。

表 2－16　　　　　中国财富 500 强中涉电力集团企业 2023 年第四季度
信用电力指数监测排名（TOP10）

排名	企业名称
1	国家电网有限公司
2	中国华能集团有限公司
3	国家能源投资集团有限责任公司
4	国家电力投资集团有限公司
5	中国南方电网有限责任公司
6	中国长江电力股份有限公司
7	广东电力发展股份有限公司

排名	企业名称
8	中国广核电力股份有限公司
9	中国大唐集团有限公司
10	中国华电集团有限公司

8. 中国大陆上市公司

中国大陆上市公司，监测涉电力集团企业 136 家，信用电力指数最高分 81.39 分，最低分 66.44 分，平均分 75.12 分，高于行业标准值（72.67 分）2.45 分。该类型企业中，信用电力指数最高分获得者为中国长江电力股份有限公司，见表 2－17。

表 2－17　　　　　中国大陆上市公司中涉电力集团企业 2023 年第四季度
信用电力指数监测排名（TOP10）

排名	企业名称
1	中国长江电力股份有限公司
2	国家电投集团产融控股股份有限公司
3	广东电力发展股份有限公司
4	中国广核电力股份有限公司
5	华能国际电力股份有限公司
6	国电电力发展股份有限公司
7	国投电力控股股份有限公司
8	浙江省新能源投资集团股份有限公司
9	宁波东方电缆股份有限公司
10	南方电网储能股份有限公司

9. 其他集团（非中电联会员）

其他集团（非中电联会员），监测涉电力集团企业 52 家，信用电力指数最高分 77.69 分，最低分 61.88 分，平均分 72.69 分，高于行业标准值（72.68 分）0.01 分。该类型企业中，信用电力指数最高分获得者为信发集团有限公司，见表 2－18。

表 2－18　　　　　其他集团（非中电联会员）涉电力集团企业 2023 年
第四季度信用电力指数监测排名（TOP10）

排名	企业名称
1	信发集团有限公司

排名	企业名称
2	广州发展集团股份有限公司
3	申能（集团）有限公司
4	杭州中恒电气股份有限公司
5	江西赣能股份有限公司
6	宁夏嘉泽新能源股份有限公司
7	山东魏桥铝电有限公司
8	湖南省港航水利集团有限公司
9	新疆能源（集团）有限责任公司
10	福建省投资开发集团有限责任公司

第五节　失　信　治　理

一、失信联合惩戒

为进一步规范涉电力领域失信联合惩戒对象名单管理，国家发展改革委、国家能源局联合印发《关于加强和规范涉电力领域失信联合惩戒对象名单管理工作的实施意见》（简称《实施意见》），明确了涉电力领域联合惩戒名单的认定标准，认定及发布程序，名单退出、信用修复与权益保护等机制。中电联牵头制定了《中国电力企业联合会关于涉电力领域市场主体失信联合惩戒对象及重点关注名单管理实施细则》（以下简称《实施细则》）。2019 年首次向社会发布涉电力领域"失信联合惩戒对象名单"及"重点关注对象名单"，与有关部门共同形成了涉电力领域失信联合惩戒机制，推动形成涉电力领域市场主体"一处失信、处处受限"的局面。

为充分发挥行业协会的服务监督作用，中电联按照《实施意见》中认定标准，对电力行业信用体系建设"5+5"协调工作机制单位推送的失信行为信息进行了筛选，向国家发展改革委报送了第一批"涉电力领域失信联合惩戒对象初步筛选名单"，经国家发展改革委及各地主管部门核实，认定了 130 家涉电力领域失信企业，并在"信用中国"予以公布，首次实现中电联与"信用中国"惩戒联动。

（一）联合惩戒措施

涉电力领域失信企业分两类：① 被相关政府部门列为失信被执行人，失信行为主要是法院判决的执行款未执行到位（包括拖欠劳务工资、工程款、工程设备款等）；② 集中在发生社会影响巨大的生产建设事故企业、拖欠电费、不按合同约定履行义务等失信行为企业。电力行业除配合协助国家有关部门实施惩戒外，电力行业信用体系建设领导小组各成员单位在行业内部实施联合惩戒措施。主要措施如下：

（1）将失信联合惩戒对象名单企业信息推送至"信用中国""信用能源"，通过"信用电力"平台、微信公众号、中电联官方网站等媒体向社会公布。

（2）在电力市场交易中，对其已签订的重大交易合同进行重点跟踪、监督、审查。

（3）在电力行业信用体系建设领导小组成员单位的合格供应商名录中移除。

（4）电力行业信用体系建设领导小组成员单位对被列入失信联合惩戒对象名单的所属企业在绩效考核时予以经济惩罚。

（5）对列入失信联合惩戒对象名单的企业，按照原授予程序撤销当年获得的与信用有关的奖项。

（6）取消被列入失信联合惩戒对象名单企业法定代表人的评优评先资格，已获得荣誉称号的，视情况予以撤销。

（二）涉电力领域"重点关注对象名单"风险预警

涉电力领域"重点关注对象名单"是中电联采取信用风险预警的一种重要手段，2019—2022年，中电联依据《实施细则》，面向各电力企业征集失信行为信息，依照失信"重点关注对象名单"认定标准（见表2–19、表2–20），针对涉事主体开展失信行为确认工作，经核实认定，先后将十二批次、共1132家失信市场主体列入了"重点关注对象名单"，在中电联会员单位内部分层、分类进行通告，并实施相应风险预警措施。"重点关注对象名单"市场主体主要失信行为是围标串标、拖欠电费、提供虚假材料、产品质量问题、未履约等。

表2–19　　　　　　　涉电力领域"重点关注对象名单"通用认定标准

通用认定标准	
失信类型	**失信行为**
行政处罚	受到能源、环保、司法、金融、工商、税务、质检、安监、海关等部门处罚后未按照整改意见及时整改的

通用认定标准	
失信类型	**失信行为**
失信记录	发生各级国家机关依法认定为一般失信行为的
不执行司法、行政义务	司法机关或行政机关在强制执行过程中,被执行人因履行能力不足而无法履行法定义务或有履行能力但延迟履行或部分履行法定义务的
信用评价	企业信用等级 BB 级（含）以下，C 级以上
	企业环境保护信用评价为黄牌
扰乱市场秩序	借用资质，虚报业绩，以不正当竞争手段扰乱市场秩序的
	在招投标过程中，恶意压低投标价格，投标报价低于行业最低限价幅度的
拖欠款项	严重拖欠合同款不予以结算的
	被行政部门认定拖欠或欠缴劳动者工资福利、社会保险的
履约失信	企业无正当理由，未严格履行合同或服务承诺
其他违规	行政机关或有关组织依法实施监督检查时，拒绝提供有关材料或者提供的材料不真实、不完整以及转移、隐匿相关证据的
	未及时披露信息或违规发布信息
	未通过各级国家机关依法进行的专项检查、周期性检验的
	侵犯他人知识产权，经行政主管部门行政处理、法院判决或仲裁机构仲裁的一般侵权行为
	违反行业自律和约规行为的
	发生新闻媒体负面曝光的

表 2-20　　　　　　　涉电力领域"重点关注对象名单"专业认定标准

专业认定标准	
专业类型	**失信行为**
发电企业	未严格履行电煤合同、购售电合同、供热供汽合同、设备物资采购等合同，并被客户投诉的
	发生一般生产安全责任事故的
	企业无正当理由，不履行国家节能和碳减排责任的
	未按要求投运脱硫、脱硝等环保设备导致污染物排放超标的
	未严格执行调度命令，但未造成严重后果的
电网企业	未能保证供电质量或未事先通知用户中断供电，给用户造成经济损失的
	未严格履行购售电合同、设备物资采购等合同，并被客户投诉的

续表

专业认定标准	
专业类型	失信行为
电网企业	发生一般生产安全责任事故的
	调度中心未严格按照"公开、公平、公正"调度原则进行调度的
电力设计企业	出现设计缺陷，给客户造成经济损失的
	未按合同规定期限完成图纸设计，但未对整体工期造成影响的
	因自身利益考虑，设计图纸上技术参数倾向某家供应商产品的
电力建设企业	存在接受转包、违法分包和用他人名义承揽工程行为的
	拖欠合同款、农民工工资的
	未严格按照工程设计图纸、施工技术标准施工，施工中发生偷工减料、使用不合格材料、构配件和设备行为的
	发生一般工程质量责任事故或一般生产安全责任事故的
电力建设、电力调试企业	提供的服务未达到合同约定的标准，并被投诉的
	因服务质量问题，给客户造成一定经济损失的
售电公司	未严格履行购售电合同、服务协议，给用户造成一定影响和经济损失，并被客户投诉的
	未提供真实信息，有虚假注册、信用备案行为的
	存在从业人员资格证书挪用、借用行为的
电力用户	未严格履行购售电合同，给电网或售电公司造成一定经济损失的
	发现有违约用电行为的
	一年内发生 2 次及以上经催缴仍未按时缴费的行为
电能服务企业	向电力用户提供的服务未达到合同约定的服务标准，并被用户投诉的
	不认真对待投诉或对投诉处理不力，造成一定影响的
电力设备供应商	供应的产品在质量抽检中主要技术参数不合格的
	拒绝业主单位监督检查，或者提供虚假情况逃避监督行为的
	供应商服务未达到合同约定的服务标准，并被客户投诉的

针对失信的涉电力领域市场主体实施以下预警：

（1）风险预警。"重点关注对象名单"在中电联会员单位内部分层、分类定期进行通告，实施风险预警。

（2）重点监测。纳入"信用电力"网站与信息平台进行重点监测管理，列为重点监控和监管对象，提高监督检查频次。

（3）投标审查。领导小组成员单位及其所属企业在招投标等活动中对列入"重点关注对象名单"的企业予以重点审查。

（4）评优评先。在参加行业文明单位、优秀企业、中国电力创新奖、标准化良好行为企业确认等奖项评选活动时予以重点考察。

二、涉电力领域市场主体失信行为治理情况

2023 年，中国电力企业联合会在国家信用体系建设框架下，针对电力行业信用环境进行了深入的治理与优化，通过一系列具体行动，有效打击了行业内存在的各类失信行为，尤其是假冒国企、提供虚假材料、围标串标及电费拖欠等问题，显著提升了电力行业的市场透明度和整体信用水平。

（一）失信信息征集

2023 年中电联的失信信息征集工作积极响应国家信用体系建设战略，针对年度频繁发生"假冒国企央企"情况展开专项治理。通过失信治理对全行业不诚信行为展开排查，净化市场环境，确保公平竞争。

全年征集到 1350 条失信信息，其中涉及假冒国企的信息近千家。失信治理方面，假冒国企问题的严峻性，成为治理的重点和难点。假冒国企相关行为侵害了电力国企的权益，严重破坏了市场的公平竞争秩序。

（二）名单发布

截至 2023 年底，中电联累计发布十七批次涉电力领域市场主体重点关注名单，共 1643 家失信单位列入了重点关注名单。其中 2023 年，中电联信用办认定 511 家失信主体列入重点关注名单。511 家失信主体按照失信行为类型中占比最大的有以下三种：

1. 提供虚假材料

2023 年，312 家企业因提供虚假材料被列入"重点关注名单"，其中 280 家企业为"假冒国企"，提供虚假材料不仅局限于企业工商注册的初步阶段，还渗透到了招投标等关键业务流程之中，这表明部分企业在不同环节均有意误导监管机构和合作伙伴，以获取不应有的市场准入资格或项目中标机会，严重违反了市场公平竞争的原则。

2. 围标串标

2023 年，81 家企业因围标串标被列入重点关注名单，表明电力行业招投标环节中存在的不正当竞争现象依旧严峻，围标串标行为通常涉及多家企业事先串通，通过操纵投标报价或投标文件，排除其他竞争对手，确保预定企业中标，从而非法获利。这类行为不仅限制了其他竞争者的机会，还可能推高项目成本，影响工程质量，最终损害公共利益。

3. 拖欠电费

2023 年，59 家企业拖欠电费总额超过 38 亿元，从拖欠地区分布来看，拖欠地区分布广泛，包括内蒙古、山东、江苏、浙江、北京等地，相关企业类型主要涵盖房地产开发、物业、热力、矿业等行业，其中房地产领域问题突出，多家房地产公司出现拖欠电费情况。

（三）失信信息修复

在 2023 年，电力行业信用体系建设中有 18 家企业成功完成了信用修复，退出重点关注名单。这些企业多数是在招投标环节中出现违规，这表明信用修复机制正逐渐发挥作用，信用修复工作的推进，尤其是招投标领域违规企业，显现出信用管理的导向性，强化了信用在关键业务操作中的重要性，利于构建规范市场行为标准和流程，但仍面临挑战。

信用修复企业中，信息共享机制虽有进展，但集团企业间、交易平台、行业协会间的共享仍存壁垒，导致信息"孤岛"现象。需建立更广泛、高效的共享平台，确保失信信息透明化，便于行业信用修复信息的全面整合和实时更新。

联合激励机制完善，当前侧重于失信惩戒，但守信激励机制需完善。应鼓励守信企业"守信有用"，通过优惠政策、奖励机制、市场准入便利等，提升守信企业实际利益，形成守信有价的正向激励循环。

信用监管协同机制需强化，信用监管体系需完善。在信用修复后，需各方信用信息同步，确保修复结果在监管中被认可，形成协同监管合力，信用修复企业信用修复后，优化市场秩序，降低信用修复成本。

第六节 支 撑 服 务

一、人才队伍建设

为加快推进社会信用体系建设，贯彻落实中共中央办公厅、国务院办公厅《关于推进社会信用体系建设高质量发展促进形成新发展格局的意见》提出的"强化信用学科建设和人才培养"以及落实国家社会信用体系建设及《关于协同推进电力行业信用体系建设高质量发展的实施意见》（中电联信用〔2022〕16 号）精神，发挥行业引领作用，持续提升行业信用工作水平，中电联信用体系建设领导小组办公室依据《中华人民共和国职业分类大典》"信用管理师 4－05－06－02"职业要求，结合电力行业企业信用管理特色，2023 年编制完成《电力信用管理师培训》试行教材，并联合中电联电力行业职业技能鉴定指导中心联合试行开展电力信用管理师培训及能力水平评价工作。电力信用管理师运用现代信用经济、信用管理及其相关学科的专业知识，遵循市场经济的基本原则，使用信用管理技术与方法，培养电力行业中从事企业和消费者信用风险管理工作的专业人员。

培训通过企业信用管理专业知识、实践案例分享、专题学习等活动，使信用管理从业人员具备专业的信用管理知识和能力，提升企业信用管理人员专业素养，将信用管理融入措施制定、规范经营、依法治企的各个环节，帮助企业防范和控制信用风险，全面提升企业信用建设能力与水平，树立企业的良好信用形象。

（一）人员培训结构情况

2023 年度结合社会信用体系建设要求，挖掘企业信用管理需求，共开展了 2 期电力行业信用管理人员培训和试点开展一期电力信用管理师培训及能力水平评价工作。学员总量达到 245 人，其中企业管理人员 75 人，占总数 30.61%；法务、质量管控、财务等专业技术人员 63 人，占总数 25.71%；市场商务人员 55 人，占总数 22.45%，其他人员 52 人，占总数 21.23%。2023 年度，培训人员结构情况如图 2－28 所示。

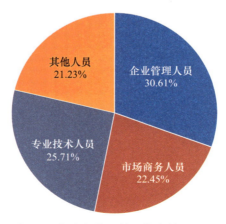

图 2－28　2023 年参加信用管理能力培训人员结构情况

（二）地域分布情况

2023 年度，培训人员按地域分布统计如图 2-29 所示。全国 27 省人员参与培训，参与培训人数最多的是福建省，培训人员 43 人，占总培训人员的 17.55%。

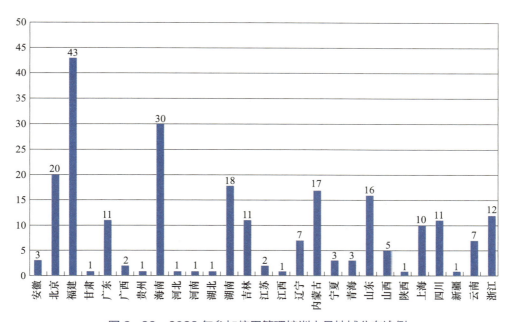

图 2-29　2023 年参加信用管理培训人员地域分布比例

（三）各领域参培人员分布情况

2023 年度，各专业领域的电力行业信用管理参培人员分别为：电网企业 61 人、发电企业 76 人、建设类企业 52 人、协（学）会 40、设计类企业 12 人、售电公司 4 人，各专业领域人员分布比例如图 2-30 所示。培训人数最多的是发电领域，占比 31.02%，以下依次是电网 24.9%、建设 21.22%、协（学）会 16.33%、设计 4.9%、售电 1.63%。

（四）电力集团公司参培分布情况

2023 年度，电力行业信用管理培训各电力集团公司参与人员分布差距较大（见图 2-31）；同比数据统计情况进行分析，各类型企业对企业信用管理工作重视程度相对稳定，如图 2-32 所示。

为推动企业信用体系建设还需加大企业信用管理人才队伍培养，中电联将持续发挥行业引领作用，结合国家信用体系建设相关要求，打造多维度的人才培养体系，使企业信用管理人才深入掌握电力行业知识与信用管理专业技能，熟悉相关法律法规和政策，提升应对复杂情况的能力。不断更新知识，紧跟行业发展趋势，培养创新思维和解决问题的能力，以适应不断变化的电力信用管理需求，从而推动电力行业信用体系的持续完善和健康发展。通过专业知识培训，推动电力企业信用管理朝着更加科学、高效、智能化的方向不断迈进，为构建良好的电力行业生态环境奠定坚实基础。

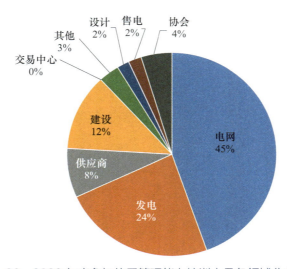

图 2-30　2023 年度参加信用管理能力培训人员各领域分布比例

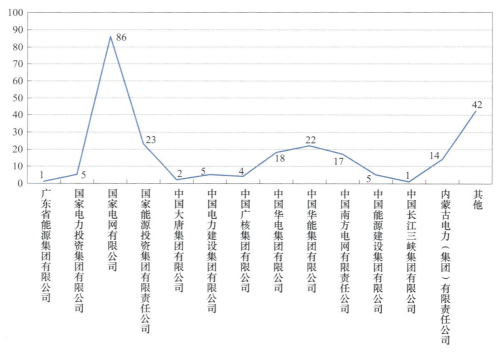

图 2-31　2023 年度各主要电力集团公司参加信用管理培训人数情况

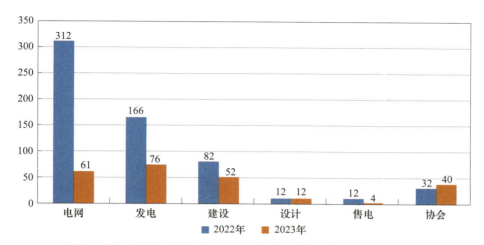

图 2-32　2022—2023 年度参加信用管理培训企业人员对比分析

二、宣传与展示

（一）年度发展报告

中国电力企业联合会自 2008 年起，开始发布《中国电力行业信用建设年度发展报告》，报告主要以我国社会信用体系建设及主要行业领域信用体系建设为背景，着眼整体电力行业，汇集电力行业信用体系建设中组织体系建设、标准体系建设、评价体系建设、信用电力指数及指标体系、失信治理与信用风险防范、支撑服务建设、信用电力平台建设、电力企业实践和电力征信服务等各项工作开展过程中相关数据信息和成果，全面客观地反映和分析了电力行业信用体系建设发展的实际状况，并对电力行业信用体系建设高质量发展重点工作任务进行展望。报告附录了我国信用体系建设相关政策、标准、"信用电力"知识竞赛情况、年度电力行业信用评价企业、电力行业信用体系建设办公室各评价咨询中心等相关信息。

（二）工作简报

电力行业作为经济社会基础性、公益性和先导性行业，具有深入推进信用建设的高度自觉和自信，经过多年发展已成为各行各业信用建设的样板。《电力行业信用体系建设工作简报》（以下简称《工作简报》）是电力行业信用宣传工作的重要手段，是进行信用政策宣贯、行业自律宣传的有力抓手，有效增强企业依法经营意识和提升品牌形象的内在动力（见图 2-33）。

图 2-33　电力行业信用体系建设工作简报

　　中电联信用办自 2017 年 3 月开始按照月度编制、印发《工作简报》，截至 2023 年底，已印发 78 期。《工作简报》包含信用热点、行业动态、信用建设三个版块，分别整理、汇总近期的信用相关政策、电力行业信用工作动态以及电力行业信用实践应用案例等。《工作简报》由中电联定期报送至国家发展改革委、市场监管总局、中国人民银行、国家能源局、电力行业信用体系建设领导小组成员单位以及中电联理事长、各副理事长单位、中电联信用办各评价咨询中心等单位。《工作简报》已成为中电联在开展电力行业信用相关日常工作中联系政府、服务行业、沟通社会重要方式，同时为电力行业信用体系建设工作有关宣传提供了有效的渠道。

（三）2023年电力行业信用体系建设工作会议

2023年3月15日，由中国电力企业联合会主办的2023年电力行业信用体系建设工作推进会议在北京召开。会议深入贯彻落实党的二十大精神及党中央、国务院关于社会信用体系建设的决策部署，围绕"创新提升，协同推进电力行业信用体系建设高质量发展"的主题，明确了政府主管部门对电力行业信用体系建设具体要求，总结了2022年中电联电力行业信用体系建设工作，交流了电力行业信用实践及创新经验，部署安排了下一步重点工作（见图2-34）。

图2-34　2023年电力行业信用体系建设工作会议

会议发布了2022年12月31日的信用电力指数监测排名结果，就电力企业信用体系建设工作进行了经验交流。会议同期举行了2022年电力行业信用体系建设企业案例展览及电力行业信用体系建设成果展示。

（四）"信用电力"互联网平台宣传

为向全社会广泛宣传电力行业信用体系建设的政策法规和工作动态，协助政府构建以信用为核心的新型市场监管体制，为企业提供更加全面、高效便捷的信用服务，展示信用企业风采，中电联信用办于2017年8月22日创建"信用电力"微信公众号，定期更新信用相关政策、发布行业信用相关文件、分享行业信用实践案例、积极传播信用资讯。

截至 2023 年底，"信用电力"公众号关注用户已达 35 万余人，共发布电力行业信用工作动态 400 余篇，公众号文章阅读量已逾 160 万人次。

（五）信用企业交流活动

组织信用企业交流活动，强化了电力企业守信意识，引导更多电力企业树立"诚信经营"理念，有利于在电力行业内营造诚实守信的营商环境。中电联信用办分别在内蒙古鄂尔多斯市、广东省佛山市组织相关交流活动。以"树典型示范引领，信用赋能高质量发展"为主题，围绕新形势下电力行业信用体系建设的新使命，交流了电力行业信用企业实践及创新经验，探讨了信用体系建设成果的应用，明确了下一步工作思路。

1. 鄂尔多斯企业交流活动

2023 年 5 月 16 日，由中电联信用办主办、内蒙古电力（集团）有限责任公司协办、内蒙古自治区电力行业协会和内蒙古电力（集团）有限责任公司鄂尔多斯供电分公司承办的第一期电力行业信用体系建设企业推广交流活动在内蒙古鄂尔多斯市举办。来自内蒙古自治区发展改革委、能源局、内蒙古信用促进会、南方电网有限责任公司等政府部门、行业协会和电力企业的百余名代表参加了本次活动（见图 2-35）。

图 2-35　鄂尔多斯信用企业交流活动现场

2. 佛山企业交流活动

2023 年 11 月 2 日，由中电联信用办主办、中国南方电网有限责任公司协办、广东电网有限责任公司佛山供电局和佛山市电力行业协会承办的第二期电力行业信用体系建设企业推广交流活动在广东佛山市成功举办。来自佛山市发展改革局、南方电网有限责任公司、中国华能集团有限公司、国家能源投资集团有限责任公司、广东省能源集团有限公司和佛山市电力行业协会等政府部门、电力企业和行业协会的一百二十余名代表参加了本次活动（见图2-36）。

图2-36　佛山信用企业交流活动现场

第三章
电力企业信用体系建设实践

第一节　电力企业信用体系建设实施指南

为进一步推进电力行业信用体系建设工作深入开展，系统指导电力企业提升信用管理水平，促进电力企业建立健全信用管理工作机制，强化信用建设成果应用，中电联 2023 年印发《电力企业信用体系建设实施指南》（以下简称《指南》）。《指南》基于"策划—实施—检查—改进"（PDCA）的持续改进模式，帮助电力企业实施全面诊断，明确电力企业信用体系建设要求，制订信用管理目标、指标和实施方案。按照企业信用体系建设实施方案要求，全面落实企业信用体系建设各项工作。通过采取企业自评价、第三方评价等方式，检查企业信用体系建设工作开展情况，并对评价中发现的信用风险点和信用管理薄弱环节，制订具体措施，持续改进，有效提升企业信用体系建设水平。

指南适用于发电企业、电网企业、电力建设企业（电力勘察设计企业、电力施工企业）、电力监理企业、电能服务企业和售电公司。电力设备供应商、电力技术服务供应商、电力大用户等其他涉电领域企业可参照执行。电力企业可根据自身特点，结合信用体系建设管理要求，选择《指南》全部条款或部分条款，建立信用组织机构、确定企业信用体系建设目标、建立健全企业信用管理制度，开展信用人才制度建设、人才队伍建设、制定人才培养机制，通过塑造企业信用文化建设、培训信用数字化建设，推进信用与品牌建设相融合，通过企业信用体系建设加强企业综合管理能力，提升企业品牌形象，防范企业信用风险。

第二节　主要电力集团信用体系建设情况

2023 年电力行业在信用体系建设上取得了长足进步，主要电力集团紧随国家政策导向，深化信用管理机制，形成了鲜明的方式方法。他们通过修订信用管理办法、发布信用行为清单，构建多层次信用管理组织，强化信用风险防范和合规体系建设，运用数字化工具实施信用综合评价，积极参与信用信息共享与标准化工作。同时，各集团注重弘扬诚信文化，加强合规教育，提升全员信用意识，并通过参与行业信用评价和社会责任活动，积极履行央企职责，如支持乡村振兴、保障电力供应等，树立了良好的行业信用典范。此外，通过建立供应商和客户信用管理体系，实施信用分级分类管理，有效降低了交易风险，提升了行业整体信用水平。各集团还积极推动信息化管理升级，利用技术手段提升信用管理效率与效果，确保信用体系建设与企业经营深度融合，为我国社会信用体系建设贡献了电力行业的力量。

在组织体系与机制建设方面，各集团普遍建立了较为完善的信用管理体系，通过修订或发布信用工作管理办法、信用行为清单等，为信用管理提供了制度支撑。例如，国家电网有限公司、中国华能集团有限公司等集团构建了从总部到基层的多级信用工作组织机构，确保信用管理责任到人、全面覆盖。强化信用风险意识，通过信用信息归集共享、动态调整信用风险等级（如黑名单、白名单管理）等手段，及时识别和处置潜在风险。国家能源投资集团有限责任公司、中国大唐集团有限公司等集团在供应商和电力用户信用管理中采用了分类管理策略，有效降低了交易风险。

在信用评价与信息共享方面，部分电力集团建立了信用评价体系，依托数字化平台进行信用综合评价，如国家电网有限公司的"信用国网"、中国电力建设集团有限公司的公共资源交易平台等，实现信用管理的差异化、精准化。这些评价结果用于内部管理决策，如信用画像绘制和风险提示。积极参与信用信息平台建设与信息共享，利用大数据和信息技术整合信用数据资源，提升信用管理效率。各电力集团积极参与行业信用标准制定，推动信用信息的标准化和规范化。

在合规管理与文化建设方面，强调依法合规是信用体系建设的核心，通过全面梳理法律法规，制订合规清单和操作指引，覆盖各业务领域。如中国南方电网有限责任公司、中国能源建设集团有限公司等集团强化了合规审查，确保业务活动在法律框架内进行。各电力集团均注重诚信文化的培养，通过内部教育、主题活动、诚信承诺书签署等方式，提升全员信用意识，营造诚信经营的氛围。

在社会责任与外部合作方面，各电力集团积极履行社会责任，在保障电力供应、应急响应、乡村振兴等方面主动承担社会责任，参与公益投入和应急救援，展现了央企的社会担当，提升了行业整体的诚信形象。积极参与行业信用体系建设，参与信用企业评选、信用标准制定等，多家集团的下属企业推动信用体系建设实践创新，发挥了行业内的典型引领作用。

在信用技术与信息化应用方面，利用现代信息技术（大数据、云计算等）构建信用管理信息系统，实现信用数据的集中处理和高效利用。这有助于实时监控信用状况，提高信用管理的智能化水平。

一、国家电网有限公司（简称"国家电网"）

1. 健全公司信用工作管理机制

落实国家法律法规和相关文件要求，发布《公司信用工作管理办法》修订版，发布《公司信用行为清单（2023 年版）》。依据国家相关政策要求及行业规范性文件，对公司各专业领域在经济和社会活动中的信用行为进行了明确，共分为三个部分，包含 170 项行为事项，为规范公司信用合规管理提供了文件依据。

2. 提升公司信用风险防范能力

强化公司诚实守信能力，延伸信用管理链条，开展公司系统调研，分析诚实守信"A 级纳税人"获评情况，研究提出鼓励公司系统单位申报"A 级纳税人"举措和要求，年内公司系统获评"A 级纳税人"企业同比增加 72 家。公司系统信用状况保持良好，对比 2022 年，"严重失信事件""经营异常"保持 0 新增。

3. 开展信用综合评价

依托"信用国网"数字生态系统，依据《公司信用综合评价标准》，组织开展公司系统在线信用综合评价，推动实施信用差异化、精准化管理。依据评价结果，开展公司系统内部企业信用画像，提示信用风险漏洞。

4. 参与行业信用体系建设情况

积极参与国家能源局、中电联组织的各项信用工作。参与国家能源局信用综合评价标准制定工作，配合开展工作调研，发挥行业信用工作典型引领作用，参与中电联信用标准化评审等工作。

二、中国南方电网有限责任公司（简称"南方电网"）

1. 深度参与信用建设

积极应用公共信用综合评价等结果，重点关注所属企业信用动态，防范信用风险。积极配合有关部门及行业协会组织开展"诚信兴商宣传月"等信用活动，参与编制年度发展报告、报送涉电力领域失信行为信息、开展失信约束和信用修复等信用治理工作。所属广东电网公司、广西电网公司及 10 家三级单位获评 AAA 级信用企业。

2. 坚持依法合规经营

全面梳理法律法规及监管文件 1095 份、规章制度 254 份，验证近三年监督发现问题 10768 个。全面落实中央企业加强合规管理要求，制订重点领域合规清单，出台电费回收、反垄断、数据交易、电力交易、电网建设项目等合规指引,覆盖管制业务、新兴业务、国际业务、产业金融和共享服务等多方面。

3. 重点强化诚信管理

以严格的采购管理促进供应商依法合规经营销售;修编供应商管理办法及失信行为扣分管理细则,健全完善供应商诚信管理体系;应用供应商绩效评价,融合资质能力评价、履约评价、运行评价、诚信等维度,实施差异化管控策略;开展供应商现场核查,对招标采购代理服务、招标采购项目实施等重点业务开展专项监督,对问题较多、风险较大的开展专项督查。

三、中国华能集团有限公司(简称"中国华能")

1. 信用管理组织体系建设进一步加强

搭建集团总部、区域公司、基层企业三层信用工作组织机构,基本形成三级管理体系,各信用主体均成立了信用工作领导小组,由企业主要负责人或负责信用工作的分管领导担任组长,由市场营销部牵头,安全生产、科技环保、财务预算、人力资源、法律事务、燃料采购、物资采购等职能部门共同参与。公司各层级积极开展信用建设工作,优化营商环境,助力社会信用体系的建立。

2. 积极参与电力行业信用体系建设工作

2023 年,重庆公司、南京金陵电厂、黑龙江大庆热电、新能源蒙西公司等单位挖掘电力行业信用体系建设典型经验,加大了企业间的交流,发挥行业标准指导、典范引领作用,进一步推动提高电力行业信用体系建设工作,促进信用体系建设工作高质量发展。

3. 履行社会责任进一步彰显

2023 年总经理等班子成员 4 次现场考察推动,无偿投入超 1.5 亿元支持定点帮扶和乡村振兴,购买和帮助销售农产品接近 2 亿元。紧急驰援救灾抢险第一线,累计无偿捐赠 5150 万元,支持甘肃抗震、青海抗震、甘肃抗旱和河北抗洪,妥善做好受灾群众安置救助,助力开展灾后恢复重建。2023 年,面对负荷高峰、强雨雪强寒潮等极端天气,公司全力以赴保障民生,确保机组长周期连续运行,确保电力保供稳供,并圆满完成了成都大运会、杭州亚运会、"一带一路"高峰论坛等重要时段保供任务。履行央企责任,切实维护了电力行业的良好形象,为企业树立诚信品牌,提升企业公信力、影响力提供了有力保障。

四、中国大唐集团有限公司(简称"中国大唐")

1. 强化合作方与电力用户信用管理

实施信用信息归集共享,利用 14 万条交易合同主体信用记录,实施黑名单、白名单、灰名单、红名单分类管理，动态调整信用风险。强化商业伙伴的信用资质审查、合规尽职调查及履约跟踪，特别关注大额付款业务前的印章真实性复查。对电力用户建立负面清单，限制严重失信单位参与业务，修订管理办法以明确各方资质审核责任，并集成燃料管理业务至统一平台，强化监控与通报。推动售电公司提供履约保证，遵守市场交易规则，按时结算电费，提升透明度，承担社会责任，取得行业高信用评级。

2. 维护商标字号信誉

持续开展假冒国企和不规范使用"大唐"字号排查，2022 年 4 月以来，已排查发现并处置 10 余条假冒国企线索、两条恶意注册商标线索、仿冒中国大唐及低碳业务有关网站、App 线索，及时指导有关企业向公安、市场监管、国资管理等部门报告，并在分子公司、中国大唐官网、相关媒体上进行公告、举报，依法规范处置。对参、控股企业法律合规风险进行专项排查，涉及 117 家参股公司、180 家控股公司、48 家涉及股权转让的公司、10 个转让项目，严防相关公司打着"大唐"旗号，通过骗补、骗资金、骗客户等非法获利，损害中国大唐信用和声誉。

3. 构建合规信用风险防控体系

全面梳理各类业务风险，特别是煤炭贸易、资金管理等领域，采取措施闭环管理遗留问题。集中排查治理关键业务领域风险，编制合规手册，梳理合规义务，督促整改信用问题。从高层领导开始，推动全员签署合规承诺，积极参与行业内外信用建设活动，培训合规官，营造诚信文化氛围。获得多项外部认可，包括诚信企业案例称号，多家子公司及个人获得诚信建设荣誉。

五、中国华电集团有限公司（简称"中国华电"）

1. 持续强化合规管理

完善合法合规审查机制，印发《合规手册》《境外合规手册》，组织签订《合规承诺书》，强化全员守法诚信、合规经营意识。开展违法违规问题和合规风险月度排查对标，完善问题上报、移交和整改监督机制，重点督导因违法违规导致行政处罚次数多或金额高的单位进行源头整治。提升上市公司合规管理水平，组织专题培训，研究制订强化合规管理的措施。

2. 着力完善信用制度

充实完善信用内容，构建"三横三纵"现代企业制度体系，充分发挥制度委员会平台作用，建立"繁简分流"制度审核机制和及时修改机制，定期组织开展制度清理优化，推动制度体系与企业高质量发展相适应。今年以来，共组织召开制度委员会会议 33 次，审核制度 254 件，制度体系更加成熟完善。集团公司制度管理入选国资委管理提升标杆项目。

3. 依法开展失信惩戒

通过物资采购、合同管理等平台，建立履约相对方大数据库，积极应用国家有关部门和相关协会发布的信用信息，用实践检验相对方信用履约情况，对信用较差的相对方限制其参与相关业务。

4. 积极参与信用活动

组织系统各单位积极参加信用管理会议、竞赛、培训、行业信月评价、信用体系标准编制等工作，树立了良好的信用形象。截至目前，取得中电联信用评级 AA 级及以上且在有效期内的企业共 61 家。

六、中国能源建设集团有限公司（简称"国家能源"）

1. 强化信用管理与合规体系

集团总部通过与国企改革相结合，建立健全信用管理制度，形成多层级、矩阵式的信用管理体系。高管团队以身作则签署合规承诺书，带动全员参与合规文化建设，通过主题活动与宣传作品征集提升员工信用意识和风险防控能力。

2. 践行能源供应责任担当

面对能源紧张局势，集团积极采取措施确保煤炭生产和供应，有效保障能源和电力安全，特别是在关键时期如夏季用电高峰和冬季供暖季节，积极响应政府要求，出色完成煤炭保供任务，赢得社会赞誉。

3. 塑造社会责任与品牌形象

集团在实践中积极履行社会责任，精细化管理提升 ESG（环境、社会、治理）表现，荣获多项社会责任奖项，所属企业广泛发布可持续发展报告，显著提升品牌影响力和诚信形象。

4. 深入行业信用建设

深入参与国家能源行业信用体系建设，利用行业报告和信用信息平台排查信用状况，参与信用标准制定，分享信用建设经验，推出行业领先的采购与交易规范标准，展现央企的责任与智慧。

5. 积极培育诚信文化

借鉴国内外先进经验，持续更新企业文化与诚信合规手册，设定详细行为准则，通过全员签署合规承诺书及多渠道宣传，构建全面的诚信文化氛围，提升全员诚信意识。2023 年集团公司所属中国神华、国电电力等数家企业在资本市场和银行间市场长期保持 AAA 主体信用等级，20 多家所属企业获 A 级信用纳税人，112 家涉电企业获中国电力企业联合会 AAA 级评价。

七、国家电力投资集团有限公司（简称"国家电投"）

1. 信用工作机制优化与协同

法律商务部作为信用工作核心管理部门，紧密跟进国家信用体系建设政策，强化与中电联沟通协作，引领集团信用管理工作。各职能部门基于"业务与信用并重"原则，增强协作，形成跨部门横向协同、纵向联动的信用管理机制，确保责任到岗、任务到人，促进信用管理工作的全局化、系统化推进。

2. 信用制度与标准体系健全

不断完善规章制度，强化法治思维在企业运营各阶段的应用，建立全面的企业诚信标准与合规要求，对高风险领域实施重点监控。定期评估与动态调整合规体系，严格违规行为纠正与责任追溯，确保权力边界清晰。着重加强招标、采购环节的信用管理标准化，推动招投标透明化，强化供应商信用监管，利用电子平台实现信息高效交互与共享，参与并主导多项电力行业信用标准制定，已有多项标准正式发布。

3. 信用信息化管理升级

利用现代信息技术整合信用数据资源，通过主数据管理、法律事务、采购、ERP 等多个系统集成，借助数据仓库技术集中处理分散信用信息。开发多样化信用管理工具，如物资报表、供应商评价报告，实现对集团内外相关方信用信息的统一归集与精细化管理，提升信用管理效率与决策支持能力。

八、中国长江三峡集团有限公司（简称"中国三峡"）

1. 加强诚信合规经营体系

构建合规管理"三道防线"，融合业务、法律合规、审计纪检部门力量，确保各级责任落实。完善制度体系，确保经营与改革成果的法治基础，将诚信要求融入合法合规审查流程。建立违规举报、整改追责机制及合规承诺制度，促进全员合规诚信行为。

2. 提高信用信息管理水平

根据国家规定开发信用信息归集系统，规范数据归集流程，确保信用信息的合法、准确、完整。建立电子化信用档案系统，实现信用信息的有效管理与共享。强化信息公开指导监督，确保公开程序合规、内容准确，维护信息公开载体与内容的时效性。所属企业均已建立信息公开制度，依据法规公示即时信息与年度报告，信息公开质量提升。

3. 强化供应商信用管理

完善供应商信用评价体系，采用日常与年度评价结合的动态管理模式；加强对失信供应商的信用约束，维护招投标及合同履约秩序，全年有效评价近 1.9 万家供应商。

九、中国广核集团有限公司（简称"中广核"）

1. 强化自身信用管理

指导督促集团所属公司建立并完善内部监督体系，定期开展风险自查、专项审计等工作，全面落实国家对企业的法治监督。部分所属公司通过加强前端延伸法务部门职责，增加法务部门的专业指导职能，统筹法律催收案件的全过程管理，确保案件跟进闭环。

2. 扎实推进供应商信用管理

严格审核供应商引入的规范性、必要性、合理性、真实性，以及评审报告的规范性、完整性、符合性。开发供应商风险信息综合查询系统，建立集团销售客户信用数据库，实现高风险客户自动预警等功能，有效降低采购业务中使用信用不良行为供应商风险。对建立供应商不良行为管理制度，对1356家失信供应商依法依规实施信用约束。

3. 优化客户信用管理

组织指导所属公司开展年度信用评级更新和信用自查工作，对多家在交易客户的信用评级进行批量更新，对客户信用评级在信息化的优化方面提出改善要求，防范潜在信用风险。部分成员公司通过购买国内短期贸易信用保险，将相关客户列入被保险名单，通过投保提高抵御交易风险的能力，保障稳健经营和可持续发展。

4. 积极参与信用活动

积极参与核能行业协会组织的供应商评价结果应用交流会议和涉电力领域失信行为认定规范等标准化评定工作，集团所属成员公司参加电力行业信用体系建设工作推进会。

十、中国电力建设集团有限公司（简称"中国电建"）

1. 巩固完善信用管理机制

认真组织落实有关行业信用政策、信用分析报告、信用标准规范、守信激励和失信约束等相关管理办法，积极为电力行业信用建设建言献策。建立管理责任制，强化国家能源局资质和信用信息系统能源信用账号安全管理，安排专人对信息数据定期维护更新，并在各业务部门设立专人监管，在国家、行业、地方平台关注集团及所属企业信用状况，及时跟进处置。

2. 加强重点环节信用管理

建立承包商（分包商）和供应商信用评价体系和信息公开机制，加强对招标采购等重点环节信用管理。在中国电建公共资源交易平台统筹建立承包商（分包商）和供应商资源库，对近28万家承包商（分包商）和供应商提供信用信息查询服务 对1548家企业予以重点关注，对存在围标、串标等违法违规严重失信行为的421家工程承包商（分包商）、452家设备物资供应商、163 名项目负责人及法定代表人依法实施禁入。

3．积极打造良好信用品牌

主动参与政府部门及中电联有关能源行业信用修复管理办法、电力企业信用体系建设实施指南、企业诚信管理通则等制度规范制修订工作，提出相关修改意见和建议，积极响应中电联开展的信用交流活动。

十一、中国能源建设集团有限公司（简称"中国能建"）

1．紧跟国家信用政策，认真落实管理规定

紧跟国家行业信用管理相关政策，认真宣传贯彻落实《质量强国建设纲要》《全国公共信用信息基础目录（2022 年版）》《全国失信惩戒措施基础清单（2022 年版）》以及《能源行业信用信息应用清单（2023 年版）》及失信主体信用修复管理等制度，依法规范开展信用建设工作。

2．加强信用信息监测，严格管控信用风险

建立不良信用记录处置制度，加强所属企业不良信用监测处置和全过程跟踪管控，强化不良信用记录处置指导。建立健全信用风险防控机制，加强重大信用风险的识别和评估，提升信用风险防控水平。

3．积极参与社会信用评价，持续提升信用水平

主动接受行政性信用监管以及社会性信用监督，为全行业提供信用建设成功经验及优秀典型案例，继续保持优良信用记录。所属企业主动接受和参与行业和市场类信用评价，取得中国电力企业联合会、电力规划设计协会、中电建协、中国水利工程协会、中国建筑业协会、中国电机工程学会等相关行业协会最高级信用评价等级证书，稳步增强公司信用品牌影响力和美誉度。

十二、广东省能源集团有限公司（简称"广东能源"）

1．推进信用管理机制建设

依据国家相关政策文件，广东能源集团制订了《广东能源集团信用建设管理办法》，旨在将信用管理要求融入企业管理体系，增强信用风险意识，维护企业权益，提升社会信誉度。通过《广东电力市场交易信用评价评分细则》指导电力营销活动，完善客户信息库和服务标准，建立健全管理流程和组织架构，防范市场信用风险。

2．强化信用风险防控机制建设

推动信用风险管理成为企业管理体系的一部分，建立信用风险监测预警机制，确保信用审查贯穿业务流程，定期进行风险识别、评估和应对。要求下属企业遵循规定，执行信用

风险管理流程，查找并整改信用管理漏洞，防止失信行为发生，保护企业免受相关方失信影响。

3. 深入参与电力行业信用体系建设

多家下属企业获得电力行业信用评级 AAA 级至 AA＋级。广东能源集团及其下属单位积极参与多项电力行业信用评价标准的编制工作，为行业信用体系建设贡献力量。

十三、哈尔滨电气集团有限公司（简称"哈电集团"）

1. 强化信用与履约能力

将满足客户需求作为承诺兑现的关键，通过建立健全履约践诺机制，保障市场拓展与企业转型的稳固基础。预估未来产能需求，优化生产安排，确保合同承诺得以严格履行，特别是在关键材料供应与高端制造产能上的平衡，保障重点项目按时完成，支持国家电力安全稳定供应。

2. 完善质量控制创新机制

通过党建引领，强化各级党组织在质量工作中的作用，提升人员管理与质量突破能力，实施严格的质量管理标准，促进能力与效益双提升。

3. 推进市场开发风险管控

发布专项指导意见，规范投标流程，增强市场开发初期的风险识别与评估，多部门协作评估客户与项目风险，避免高风险项目，对潜在合作伙伴进行全面资信审查，实行差异化合作策略。

4. 升级供应商管理体系

实施供应商动态管理体系，细化供应商准入、管理和退出标准，强化评价体系的应用与调整，通过会议、培训等手段提升供应商管理能力，加大对黑名单供应商的监管与通报，维护供应链健康。

第三节　部分电力集团所属企业信用体系建设实践

2023 年部分电力集团所属企业在信用体系建设上表现出了高度的一致性，成立专门的信用管理组织架构、制订详细的信用管理制度、积极参与内外部信用评价并获得高等级信用认证。这些企业普遍建立了全面的风险防控体系，强化了合规经营和员工诚信教育，利用数字化技术提高管理效率；同时，积极履行社会责任，通过公益活动展现央企形象，致力于绿色发展和节能减排。此外，它们注重市场口碑的塑造，以诚信经营和优质服务赢得客户信任，并通过持续的改进和创新，不断提升自身的信用管理水平和市场竞争力。

在组织架构与制度建设方面，多数企业成立了专门的信用管理领导小组或工作小组，明确了信用管理的职责和组织架构。普遍制订了信用管理办法和相关制度文件，确保信用管理有章可循。

在信用评价与风险管理方面，通过内部评价或参与外部信用评级，多数企业获得了AAA级信用评价，显示了良好的信用状况；同时建立了信用风险防控机制，包括事前预防、事中控制和事后问责，以降低潜在风险。

在合规经营与信息化应用方面，强化依法合规经营，通过普法教育和合规培训，提升员工的诚信意识和专业知识；利用数字化和信息化手段，如信用监管信息系统和智慧工地系统，提高信用管理的效率和精准度。

在社会责任与市场口碑方面，企业积极履行社会责任，参与社会公益活动，展现了央企的责任与担当；通过诚信经营和优质服务，塑造了良好的市场口碑，增强了用户信任。

在持续改进与绿色发展方面，企业注重持续改进和创新，通过动态监测和评估，不断提升信用管理水平和企业竞争力。部分企业积极响应绿色低碳发展，推动节能减排，参与生态保护。

一、国家电网所属企业实践

（一）国网北京市电力公司

国网北京市电力公司依托用电客户信用数字化服务平台，推动信用电力数据内外部应用。一是打造用电客户信用数字化服务平台：平台接入营销业务应用系统数据，从用电客户的基本属性、用电交费、经营能力、发展潜力、电力法规等维度构建用电客户信用管理评价体系，输出客户信用评分及客户画像数据，实现客户信用评价数据查询。二是对内辅助公司电费回收管理：依托用电客户信用数字化服务平台，建立电费回收预警措施，根据供电单位、时间范围、交费积极性和逾期交费状态等识别风险客户，依据风险等级从应收发行提醒、即将逾期预警、逾期报警3个维度灵活制定"一户一策"催费策略，辅助催费人员精准定位欠费风险客户，对重点关注客户开展电费风险跟踪。三是对外辅助政府决策监管：依托用电客户信用数字化服务平台，贯通北京市经济和信息化局信用金融平台数据，协助政府开展企业信用评估，作为贷款风险判断的重要依据，目前已有8家企业用户通过客户授权使用电力信用数据，其中两家企业通过电力信用数据增信赋能，提前放贷资金600万元，提升银行放贷效率，助力中小微企业经营发展。

（二）国网上海市电力公司

国网上海市电力公司推动政企联动，多措并举强化信用体系建设。一是共同制订信用等级评价标准，为政府决策提供辅助支撑：与中国（上海）自由贸易试验区临港新片区管委会共同制定并发布《用电信用等级评价导则（试行）》。将用电相关信用信息及信用等级评价结果纳入社会公共信用体系，并推送至浦东临港经济信用平台，形成以用电数据为基础的信用资产，有效推动各类市场主体信用信息的"应归尽归"，成为政府对用电客户制订税收优惠、产业扶持、人才购房等相关优惠政策的重要辅助决策依据。二是建立网格化工作机制，形成处置应对"三步法"：设立信用监测专业哨兵，运用大数据和 App 等智能监测工具，对高风险事件开展 7×24 小时不间断监控，形成多层级、跨专业的信用风险防范网格化监测体系，建立"依法接待、申辩协商、信息报送"的事中处置"三步法"标准流程，由法务专业人员全程配合执法检查，并在 24 小时内向所在单位信用主管部门报告，确保处置的过程依法合规。三是优化内部流程，形成问题整改管理闭环：实施分类管理，优化修复流程，规范问责机制，将失信行为纳入绩效考核及信用风险排查清单，形成管理闭环，组织信用知识全口径培训，强化全员信用意识，持续提升信用风险防范能力和水平。

（三）国网安徽省电力有限公司

国网安徽省电力有限公司多维统筹开展联动，持续提升信用工作价值。一是强化信用合规联动评估：构建法律信用工作联动推进机制，推进法律事务和信用管理末端职能融合，从信用合规组织、制度、运行、保障 4 方面，制订包含 67 项定量指标的合规有效性信用风险评估标准，以"各单位自评 + 评估小组复核 + 专家组验证"的方式定期开展风险评估，深化业、规、信融合。二是搭建省市信用联动平台：开展"省市联动提升"信用专项活动，搭建信用一体化警示平台，建立信用风险清单，全面梳理失信管理风险点，归纳失信风险三类源头，按照发生频率和影响程度进行信用风险分级分类，形成失信管理风险点 28 项，构建公司失信案例库，收录典型信用案例 13 项，溯源相关法规条款，整合形成信用管理知识库，多渠道开展风险警示教育。三是探索银企信用联动服务：联合政、银、企多方建立中小微企业电费担保机制，将企业用电信息列入贷款信用担保，探索"低风险、少投入、高收益"的银行保函工作机制，基于数据中台的用户档案、缴费记录、电量数据开展分析监测，实现企业经营状况五维画像，实时监测企业偿贷能力，拓展信用数据应用，共计预授信金额 3471.97 万元，助力小微企业发展。

（四）国网四川省电力公司

国网四川省电力公司强化上市公司信用管理。一是提升信用信息披露透明度：将信用信息纳入上市公司信息披露管理并制订了《信息披露管理办法》，自主设计信息披露的标准化审批流程和相关表单，拓宽上市公司信息披露的广度和深度。所属上市公司 4 次获上交所信息披露 A 级评价，信息披露表单设计被四川证监局作为特色治理进行推广。二是强化对内对外信用风险管理：各上市公司将信用风险纳入企业风险管理库，定期组织各专业梳理信用风险，查找存在问题并开展跟踪、分析与评估，严格防范信用风险，对外建立供应商库管理办法、物资供应商关系管理办法、施工单位资信管理办法，针对供应商和施工单位开展"优秀、良好、合格、差"资信等级评价。三是政企合作加强信用建设：引导上市公司与地方政府建立良好的信用信息交流机制，定期支撑政府开展用电客户、供应商等涉电领域的信用信息收集与清理，与地方政府联合开展信用监测、风险排查等信用管理活动，加入当地社会信用体系建设联席会议办公室，成为当地社会信用体系建设联席成员之一，与当地政府共同推进社会信用治理。

二、中国南方电网有限责任公司

（一）广西电网有限责任公司

广西电网有限责任公司积极践行政治、经济及社会责任，保障电力供应，为广西经济社会的稳步快速发展提供了坚实支撑。公司连续十一年在广西公共服务行业满意度调查中拔得头筹，不仅位列"2023 广西企业 100 强"第三名，还连续十三次被授予"广西优秀企业"称号，并六次获得"全国文明单位"荣誉，同时收获"十大社会责任央企榜样奖""自治区主席质量奖"等多项殊荣。

在深化企业信用体系建设方面实施了"四个促建"策略：一是"以评促建"：将企业信用评价融入日常管理，通过举办信用评价会议与活动，强化信用体系建设；二是"以培促建"：通过专业培训提升信用管理能力，邀请专家进行政策解读与案例分享；三是"以参促建"：积极参与信用信息共享与标准制订，提升企业信用形象；四是"以创促建"：创新信用工具应用，如"失信人员核查 RPA 机器人"及信用金融工具，优化服务流程，助力营商环境优化。

在重点领域信用管理上，创新成果显著，如"失信人员核查 RPA 机器人"极大提高了人员信用监管效率，信用金融工具的应用有效缓解了用户资金压力并保障电费回收，同时构建电力市场主体信用画像，实现了信用风险的全面管控，提升了市场透明度与规范化水平，对供应商实行严格的信用黑名单管理，有效促进了市场秩序的健康发展。

（二）广东电网有限责任公司

广东电网有限责任公司积极响应国家信用体系建设号召，以信用建设为推手，加强合规管理，促进第三方诚信，营造诚信营商环境。公司通过优化内控体系、强化合规监督、推进数字化智能化建设，提升了合规管理的科学性和效率。合同管理方面，公司实施了全流程规范、效率提升和智能化改造，有效降低了法律风险，提高了合同管理质量与效率。同时，公司致力于合作方诚信建设，优化电力营商环境，通过"四办"举措、专项整治行动及创新服务模式，提升了客户服务体验，连续十四年在广东省公共服务评价中夺冠。公司还建立健全电力用户信用管理体系，加强承包商管理，防范供应链风险，确保款项及时支付，推广保险替代保证金，构建了健康的市场秩序。此外，公司积极履行社会责任，常态清欠民企款项，助企纾困，依法纳税，并推动地方电力立法，增强法治影响力。通过法治文化引领，公司全面提升员工信用意识，形成良好的法治氛围。公司的一系列举措彰显了其作为央企的责任感与担当，为推动电力行业信用体系建设作出了积极贡献。

（三）广州电力交易中心

广州电力交易中心在响应全国统一电力市场建设加速的背景下，针对南方区域电力市场取得的实质性进展及随之而来的信用风险加剧，全面升级构建了以信用为基础的新型管理模式，为市场建设运营提供了强有力的支撑。该中心遵循紧密落实国家关于社会信用体系与高标准市场体系建设的决策，依托国家信用体系框架和能源行业特点，设计了一套包括信用评价标准、等级划分、工作流程及评价结果应用原则在内的南方区域统一电力市场信用制度体系，旨在打造公开透明、预期明确的市场环境，树立全国信用体系建设的典范。在此基础上，广州电力交易中心鼓励地方根据实际情况创新信用应用场景，特别强调在售电公司层面利用信用机制激发市场活力，通过建立信用数字底座、促进信息共享、创新监管与金融服务联动机制，以及营造诚信经营氛围等措施，有效降低了交易成本，提升了监管效能，并增强了市场主体的诚信意识。

三、华能集团所属企业

（一）华能江苏能源开发公司

华能江苏公司高度重视并全力推进信用体系建设。自 2018 年 5 月起，公司成立了专门的信用工作领导与执行小组，在同年末成功组织包括本部及 10 家下属单位在内的集中信用评价活动，所有参评单位均荣获中电联授予的最高等级 AAA 信用评价，彰显了公司坚实的信用基础。

在具体实践中，围绕合规管理、节能环保、安全生产、科技创新等多个维度，系统性地强化自身信用建设，致力于优化经营管理，坚守法治原则，将诚信理念深植企业文化之中。通过举办"信用电力"知识竞赛等宣传活动，不仅普及了国家信用政策，还显著提升了全体员工的诚信意识及公司的整体信用水平，营造了崇尚诚信的企业氛围。

为进一步巩固信用建设成果，实施了动态监测机制，强调全员参与、持续改进及风险预防，确保信用体系的健康发展。针对中电联发布的"涉电力领域重点关注对象名单"，公司建立了快速响应机制，及时向各下属企业传达信息，加强对这些对象的监控，避免潜在经营风险，保护企业利益不受损害。

（二）华能左权煤电有限责任公司

华能左权煤电有限责任公司认识到信用体系对于企业可持续发展的重要性，专门设置了归口管理部门——市场营销部，专职负责信用体系建设工作，并配置了兼职管理人员。

公司面对信用评级工作的复杂性和全面性，加强跨部门协作，通过高效的内部协调机制，保障信用评价工作的顺利实施和全面提升。在推动绿色低碳发展的国家战略指引下，加大对节能减排技术改造的投资力度，不断提升设备能效，近三年轻而易举地超越了火电行业的 1 级能耗限额标准，在电力能效对标中取得了突出成就，为构建绿色低碳循环经济体系作出了实质性贡献。公司深度参与脱贫攻坚与乡村振兴战略，通过驻村帮扶、绿色能源产业支持等多种方式，为左权县的经济社会发展注入活力，特别是在供暖服务上，自 2015 年以来，克服重重经营挑战，坚持民生优先，连续八个供热期为左权县城居民提供了稳定可靠的热源，充分展示了企业的社会责任感和担当精神。

（三）华能浙江能源开发有限公司

华能浙江能源开发有限公司成立了专业的管理机构和内部信用风险管理体系，明确了信用管理的职责归属，并根据实际情况动态调整人员配置，同时颁布了《电力企业信用工作管理细则》以规范操作。公司在此领域表现卓越，2019—2023 年连续三年荣获中国电力联合会 AAA 级信用评价。此外，公司严格遵守国家与行业标准，建立健全供应商管理体系，有效规避了供应商信用风险，保障了企业运营安全。2023 年，公司圆满完成了杭州亚（残）运会期间的能源保供任务，展现了公司在保障重大活动供电方面的强大实力和央企责任担当。期间，公司还成功应对了超强台风等自然挑战，确保了电煤供应稳定，进一步验证了其在应急管理与能源安全保障方面的高效能。

（四）华能辽宁大连电厂

电厂积极响应电力行业信用体系建设的号召，成立了以企业主要负责人为组长，各部门负责人为成员的信用体系建设管理领导小组，并在企管办设立工作小组办公室，负责具体事务的协调与执行。通过建立健全涵盖招投标管理、合同管理及供应商管理等多方面的制度体系，在严格执行国家相关政策的同时，显著增强了自身的诚信经营理念，有效管控了内外部风险，为提升企业竞争力及确保可持续发展奠定了坚实基础。

秉承"为中国特色社会主义服务"的宗旨，电厂不仅致力于企业自身的发展，更积极履行国企的社会责任。首先，电厂在节能减排和环境保护方面走在前列，成功转型为"节约环保型示范电厂"，在创造经济效益的同时，也带来了显著的社会和环境效益，对大连市的全面发展起到了积极作用。自2011年起积极参与地方"党建联合体"建设，与政府、军队紧密合作，共同推动区域经济社会发展、城市化建设及社会文化事业的进步。近三年在帮扶援助方面更是不遗余力，特别是对定点帮扶村庄河市吉顺村的系列援助措施，包括修建太阳能路灯、修复基础设施等，有效助力该村实现2020年脱贫目标，电厂也因此荣获"大连市农村扶贫攻坚作出贡献单位"称号。

四、中国大唐集团有限公司

（一）重庆大唐国际彭水水电开发有限公司

重庆大唐国际彭水水电开发有限公司自2003年成立以来，作为重庆市重要的水电能源项目，由多家企业共同组建，承担着保障地方能源供应、支持西部大开发及配合三峡防洪度汛等多重使命。公司高度重视质量、安全、环保及节能减排管理，成效显著。在质量管理方面，公司通过建立全面的设备管理制度，确保生产运行高标准，其2号和4号机组分别获得电力行业高评价与精品工程认定。安全方面，连续三年无安全事故，达到电力安全生产标准化一级且拥有完整安全管理机制。环保管理方面，公司严格实施多项环保制度，积极参与生态保护，如鱼类增殖放流，展示了对生态环境的积极贡献，同时保持了良好的环保记录。信用管理方面，公司信用记录优异，不仅在银行征信、纳税信用及电力行业信用评价中获得高等级，而且在执行记录与行业协会评价中表现良好，通过建立相关制度，强化安全生产诚信及供应商管理，确保企业信用体系建设的完善。公司全方位展现其社会责任感，定期开展公益课堂、捐资助学、紧急救援、扶贫助农、生态维护及参与社区共建活动，有效提升了大唐品牌的社会形象，为地方发展贡献了积极力量。

（二）大唐南京环保科技有限责任公司

大唐南京环保科技有限责任公司在信用管理方面，采取专业分工与协作的模式，通过财务、销售、采购等部门协同，严格合同管理，利用中国大唐的电子商务平台和法律事务信息管理系统，对供应商和客户进行全面信用评估与风险防控，有效保障了交易安全。自 2013 年全面投产以来，获得了国内外多个管理体系认证，包括 ISO9001、ISO14001、OHSAS18001 及 ISO50001 等且持续优化生产流程，实施节能减排措施，如安装光伏电站项目，年发电量可达 177 万千瓦·时，显著提升了清洁能源使用率，同时确保所有生产活动符合环保法规要求，实现了清洁生产。公司积极响应国家节能减排号召，通过技术创新与改造，大幅降低了能耗，如改造供油系统、更换节能灯具等措施，显著减少了电力消耗。此外，公司还积极投身于法治央企建设，建立健全合规管理体系，未发现重大合规风险，有效维护了企业合法权益。社会责任方面，积极践行央企责任，参与乡村振兴和消费帮扶，举办各类公益活动，如"学雷锋"志愿服务和企业开放日，展现了良好的企业公民形象。

（三）大唐云南能源营销有限公司

大唐云南能源营销有限公司高度重视信用体系建设，成立了以高层领导为核心的信用管理团队，还通过持续发布相关通知，不断完善信用管理机制，确保诚信经营的准则贯穿于企业活动的方方面面。这种诚信经营的原则深植于公司文化，赢得超过 80%用户续约，巩固了"有责任、有实力、可信赖"的市场形象。

在质量安全环保方面，公司建立了全面的质量管理体系，确保从电量销售到客户服务的每个环节都有章可循，同时，强化安全管理和环保责任，推广清洁能源，提升用户满意度，积极履行社会责任，参与公益事业，推动社会的绿色可持续发展。

公司还致力于宣传清洁能源的重要性，通过光伏发电项目的实施，不仅降低了自身运营成本，还向公众展示了清洁能源应用的可行性和环保价值。同时，公司强化信用教育与宣传，利用大数据技术进行信用评估，引导客户建立良好的信用观念，进一步提升了市场对清洁能源的认可度和采用率。

五、中国华电集团有限公司所属企业

（一）华电云南发电有限公司

华电云南发电有限公司作为云南省重要的发电企业，紧随绿色低碳发展趋势，致力于实现碳达峰碳中和目标，通过多元化能源结构布局，形成了水火风光互补的能源供应体系，为电力稳定供应做出贡献。公司构建了规范的信用管理体系，明确管理层信用管理责任，设立专责部门整合法律、内控合规与企业管理职能，形成全面的信用管理制度与规章体系，确保信用管理贯穿于客户、供应商及招投标管理等各业务领域。通过积极参与行业活动及信用评价，积极推动信用管理创新，强化企业诚信文化建设，利用大数据技术实施动态信用监控与失信惩戒，加强信用风险管理与培训，将信用管理效能融入企业综合评价体系，有效维护企业利益与诚信环境。公司深度融入云南地方发展，积极响应国家西部大开发战略，勇担能源保供重任，尤其是在关键时期表现出色，火电、水电及新能源发电均取得显著成绩，实现了高效稳定的能源供给。同时，公司在脱贫攻坚与乡村振兴工作中成效突出，对泸水市赖茂村的定点帮扶投入大量资金与人力，实施多元化的帮扶项目，连续三年获得云南省最高评价，显著提升了华电的品牌形象与社会影响力，展现了央企的责任与担当。

（二）中国华电集团有限公司四川分公司

中国华电集团有限公司四川分公司公司秉持合规经营，信用记录良好，荣获多项国家级与省部级荣誉，并在定点帮扶工作中表现优异。为深化信用体系建设，公司成立了以高层领导为组长的信用体系建设管理领导小组，归口企业管理与法律事务部负责信用建设，确立了信用评价机制，成功在 2022 年获得 AAA 级信用等级，并计划在三年内实现下属主要企业信用 AAA 评级全覆盖。在内控合规风险防范上，通过动态更新内控合规管理手册和相关办法，将合规审查嵌入经营管理流程，强化风险评估与动态监控，有效防止信用风险事件的发生。公司加强供应商及客户信用管理，利用信息化平台动态追踪信用信息，严格供应商资质审查，避免与失信企业合作，积极推广诚信经营理念，维护企业良好信誉。

（三）华电内蒙古能源有限公司

华电内蒙古能源有限公司近年来信用体系建设步伐加快，成立了由高层领导挂帅的信用体系建设领导小组，依托企业管理制度的完善与信用评估机制的建立，确保信用管理工作的系统性与有效性。通过与第三方信用服务机构合作，不仅强化了信用平台的搭建与信用数据的归集，还通过信用培训与制度出台，将信用体系建设深度融入企业发展战略，取得了显著成效。在信用体系的实际应用上，针对物资采购与生态环保两大关键领域，通过制订详细管理规定，强化供应商信用评价与生态环保合规管理，有效降低了采购风险，提升了环保管理水平；同时在信用链构建上取得实质进展，如优化煤炭采购成本，实现显著的节资效果且在环保指标上达成高标准，未发生负面影响事件，企业品牌形象得到显著提升。

（四）杭州华电半山发电有限公司

杭州华电半山发电有限公司积极响应国家信用体系建设的号召，致力于打造诚实守信的市场环境，不仅全面强化企业信用体系的建设，还通过实施全链条信用管理策略，覆盖事前风险防控、事中严密监管及事后责任追溯，有效提升了信用管理水平，连续四年荣获电力行业最高 AAA 信用等级评价，更在 2023 年荣获中国华电争创一流标杆企业的殊荣。围绕"业务与信用并重"的核心，构建了以防为主、多层把关、重点监控的信用管理体系，利用数据化、信息化手段强化信用建设与自我检查，系统性地梳理公司信用状况，确保各部门职责清晰、协同联动，精准识别并有效应对信用风险点，持续提升信用管理的专业化水平。在信用评价方面，公司全面开展"信用体检"，涵盖企业基本信息、资质信誉、行业评级、信用记录、运营与管理效能、技术装备实力、财务健康度、人力资源配置以及社会责任履行等多个维度的信息收集与分析，依据严格的自评流程与标准，完成企业管理、人力资源、安全质量、财务管理四大板块的自评打分，形成详尽的企业自评报告，为中电联的信用等级评定提供了坚实的基础。

（五）华电国际邹县发电厂

华电国际邹县发电厂始终秉承"规范诚信、合作共赢"经营理念，严格按照社会信用体系建设要求，加强信用体系建设和内部监管，为企业经营发展树立了良好市场形象和口碑。电厂成立专门机构，设置企业管理等岗位，积极参加政府部门、行业协会、金融机构等组织的各项诚信创建活动，诚信建设工作始终走在行业前列。先后开展了贯标认证、守合同重信用企业认证、安全生产标准化认证、标准化良好行为 AAAAA 级企业创建等工作，企业信用等级多年来均被评定为 AAA 级，山东电视台对企业信用评价工作进行了专题报道。全力以赴保障电力供应，坚决当好能源保供的"顶梁柱"，已累计发电 5500 多亿千瓦·时，为国民经济发展作出了重要贡献。积极做好民生集中供热，投资 6 亿多元完成供热改造，供热面积达到 2300 万平方米，确保了人民群众温暖过冬。积极践行绿色发展理念，推进节能减排，致力清洁低碳，先后投资 30 多亿元进行脱硫、脱硝、超低排放改造及煤场全封闭治理，机组排放达到燃机水平。积极推进粉煤灰、脱硫石膏等固废的综合利用，实现了发电副产品的 100%再利用。

六、国家能源投资集团有限责任公司所属企业

（一）国家能源集团海南电力有限公司

国家能源集团海南电力有限公司作为国家能源集团在海南区域的唯一省级单位，致力于绿色转型与新能源项目开发，已实现清洁能源装机占比超过 50%，构建了涵盖水、火、气、风、光、储的多元化能源结构，积极服务于自贸港国家战略。该公司将诚信与合规融入企业发展血脉，通过全员参与的诚信作风建设、融入经营管理的诚信理念及不断完善的企业内部诚信体系，营造了良好的企业发展环境。内部管理上，通过各职能部门协同合作，强化采购、法律、财务、人事、经营、安全等环节的信用管理与风险控制，有效提升了企业运营的规范化与透明度。对外，不仅在信用评级中取得优异成绩，实现全单位 AAA 级别全覆盖，并在信用企业竞赛中屡获殊荣；同时深化与地方政府及社区的合作，提升企业社会形象，获得"爱心献血单位"称号、能源保供贡献获官方表彰，以及助力乡村振兴等，展现了其作为央企在推动地方经济发展、履行社会责任方面的积极作为与显著成效。

（二）国家能源集团河北电力有限公司

国家能源集团河北电力有限公司自 2021 年成立以来，作为集团在河北区域的重要二级企业，管理多家火电、售电及新能源公司，总装机容量达 863 万千瓦。2023 年，公司全面贯彻集团诚信合规管理要求，致力于打造坚实的信用管理体系，成效显著，公司及下属 7 家单位均获得中电联 AAA 级信用评价。在信用管理机制建设方面，制订了《信用管理办法》，确立了两级管理框架，明确了管理与法律事务部为信用工作归口部门，确保信用管理覆盖各业务领域。公司重视依法治企与诚信合规建设，通过强化组织领导、完善规章制度、加强人员配置、广泛开展普法教育等措施，构建了健全的合规制度体系，配备了专业合规团队，并通过多样化的普法活动和合规培训，营造了浓厚的法治合规氛围。公司通过内部网络和公众号传播诚信合规理念，在办公区域展示诚信合规宣传展板，实现了新员工诚信合规手册学习承诺的全覆盖。通过签署诚信经营承诺书、组织参与"信用电力"知识竞赛等活动，不仅提升了员工的诚信意识和专业知识，也内化诚信管理于企业日常运营之中，外显于企业的各项实践活动中，有效推动了信用目标的实现。

七、国家电力投资集团有限公司所属企业

（一）国核示范电站有限责任公司

国核示范电站有限责任公司积极响应国家"双碳"战略目标，其CAP1400设计包含供热功能，每台机组供热能力强大，能够有效替代传统的燃煤供热，预计每年节约标煤 8.4 万吨，并显著减少烟尘、二氧化硫、氮氧化物及二氧化碳等污染物排放，总计减排达 22 万吨 CO_2，同时减少灰渣排放约 3 万吨，展现出显著的环保效益。在信用管理方面，展现出高度的责任感与前瞻视角，将信用管理职能配置于审计处，并配置了专门的 4 人团队来负责。建立健全了供应商管理、招投标管理等相关制度，确保信用评价机制在招标采购中得以应用，严格遵循《招投标法》《招投标法实施条例》及集团采购管理规定，保证招标过程的规范性和透明性。创新性地将承包商的合同履约评价纳入信用管理体系，通过严格的履约评价来监督承包商，对于年度评价不合格的供应商，依据公司制度采取终止或解除合同的措施，以此强化合同执行力度，维护良好的市场秩序与企业信用环境。

（二）国核电力规划设计研究院有限公司

国核电力规划设计研究院有限公司自 1958 年成立以来，作为国家电投的全资二级单位，扮演着绿色能源发展、技术创新和品牌塑造的关键角色，是国家三代核电自主化的核心推动力和科技重大专项的核心参与者，享有国家级高新技术企业、全国文明单位等荣誉，同时持有行业内最高级别的工程设计与勘察资质，通过多项管理体系认证，并荣获全国质量奖项，持续保持高水平的顾客满意度。其财务指标表现优异，显示了强大的偿债能力、资产运营效率和盈利能力，确保了股东及债权人利益，并展现出强劲的发展潜力。紧跟国家"双碳"战略，通过节能减排项目、成本控制方案及资源管理措施，积极促进环境友好型发展。在信用体系建设方面，公司构建了跨部门的联合管理体系，强化信用管理的内部机制，不断提升信用评价、风险防控及法律法规遵守能力，将信用管理有效融入客户、供应商及招投标等关键业务环节，建立了全面的评价和管理机制，为培育长期合作伙伴关系及企业健康发展奠定坚实基础。致力于信用风险防控，维护行业顶级信用评级，通过强化信用根基和组织保障，提升全员信用意识，延伸至分包商和供应商信用管理，为企业的市场开发和无形价值创造提供了强有力的支撑，持续优化企业经营环境，致力于成为电力行业信用管理的标杆。

八、中国电力建设集团有限公司所属企业

（一）中国电建集团湖北工程有限公司

中国电建集团湖北工程有限公司在信用管理和品牌建设方面采取了一系列举措，确保企业健康稳定发展。设立了专门的信用体系建设管理机构，包括领导小组和工作小组，负责电力行业信用体系的建设和企业信用等级的评价申报工作，以指导、监督和提升全公司的信用管理水平。为了防控信用风险，公司构建了以内控管理组织体系为核心的风险防控机制，由高层领导亲自挂帅的全面风险管理与内部控制领导小组，协同法律与风险管理部执行日常风控工作。制订了400多项覆盖广泛业务领域的管理制度，还持续优化内部控制系统，确保所有业务活动均在严格规范之下运行。在诚信能力提升方面，依托"长江文化"为核心，丰富和发展"安全文化""质量文化""莲心文化"等特色子文化，强化企业文化在不同层面的渗透，同时利用互联网思维加强品牌在线上传播，通过创新营销策略提升品牌形象和社会认知度。致力于信用品牌的树立，紧密跟踪顾客满意度变化，通过收集分析反馈，及时调整服务策略，建立了完善的客户管理体系和售后服务网络，定期进行客户回访，从多维度评估并提升顾客满意率。在过去三年中，公司未发生任何因客户管理缺陷导致的信用风险事件，彰显了其在信用管理与品牌维护方面的成效。

（二）中国电建集团中南勘测设计研究院有限公司

中国电建集团中南勘测设计研究院有限公司始终坚持"秉责、创新、卓越"的核心价值观，紧密服务于国家战略，致力于成为"诚信央企"的典范。在企业信用建设方面采取了多方位、深层次的措施，通过成立合规管理委员会，构建了以法务与审计部为核心的合规管理体系，出台了多项制度文件，将诚信合规理念贯穿于人力资源、财务管理、经营决策、生产运作、采购供应链等各个环节，尤其在市场经营领域，设立专责部门监控信用评级与预警，从根本上防范信用风险。在提升企业诚信能力上不遗余力，凭借其在工程设计、勘察、咨询、监理等方面的综合甲级资质，以及强大的人才团队，成功打造了一系列标志性工程，屡获国内外大奖，同时加速数字化转型，实现了业绩与诚信建设的同步增长。积极履行社会责任，参与乡村振兴、海外援助、疫情防控等公益事业，体现了央企的责任与担当。中南院坚守诚信底线，对外弘扬诚信文化，对内严格信用管理，利用信用名单、评级工具筛选合作伙伴，建立严格的供应商与分包商管理体系，实施年度综合评价，对不良记录企业实施黑名单制度，有效避免了信用风险，支持构建健康的市场环境。

（三）中国水利水电第五工程局有限公司

中国水利水电第五工程局有限公司着重信用体系的构建与优化，有效管理信用风险，通过信用体系强化分包商与供应商管理，持续提升企业信用品牌价值与管理水平。在信用体系建设方面，成立了跨部门合作的信用管理团队，配备专业信用评估人员，还积极参与多层面的信用评价，如政府、金融机构及行业协会的信用评级，荣获多项 AAA 级信用证书，显著增强了品牌影响力。建立不良信用监控机制，通过每日信用网站巡查、建立不良信用记录及修复机制，以及制订《在建项目不良信用管理办法》，确保信用风险的预见性与及时处理，有效维护了市场声誉。构建了全面风险识别与预警系统，定期进行风险评估，形成风险管理策略和解决方案，维持了十年无重大内控缺陷的记录，显示了其风险管理的高效与严谨。在信用体系应用实践中，对分包商和供应商管理实行严格准入与动态评价。通过《分包管理办法》等相关制度，确保合作方信誉、能力、业绩等达标。实施三级评价机制对分包商进行综合评分，分级管理，优胜劣汰。2023 年，根据履约评价结果，公司对表现优秀的分包商给予激励，如投标加分，而对于不合格及禁用的分包商，则采取限制投标、黑名单禁入等措施，确保供应链的高质量与稳定性。

（四）中国水利水电第七工程局有限公司

中国水利水电第七工程局有限公司（水电七局）在信用体系建设方面表现卓越，拥有良好的合同履约、法定代表人信用、纳税信用记录，以及遵守劳动保障法律法规的记录。获得了多个 AAA 级信用评价和多项荣誉称号，体现了其在行业内的领导地位。水电七局通过明确信用评价分管领导、设立资信处、配备专职和兼职管理人员、完善管理制度体系，强化了信用管理基础。建立覆盖总部、区域和生产经营单位的信用管理组织体系，通过追究问责、申报奖项、利用信用平台等措施，推动了信用评价工作的实际落地和信用价值的转化。实施"五＋"策略，利用成都市住建局智慧工地系统，实现了数据集中、监管统一和高效管理，并通过风险测评、分级管控和信用评价考核，确保了信用评价的本质安全，提升了信用不良行为的处置能力，实现了信用排名和实体行为管理质量的稳步提升。

（五）中国电建集团华东勘测设计研究院有限公司

中国电建集团华东勘测设计研究院有限公司在信用体系建设方面采取了一系列有效措施，以责任文化为核心，实现了征信记录良好、无债务违约、纳税信用等级高，合同履约信用良好，并保持了浙江省 AAA "守合同重信用" 企业称号。公司还获得了多个行业协会颁发的 AAA 级企业信用等级证书。提升企业信用管理，深化诚信内涵，将信用体系建设上升到战略层面，完善内部信用制度，加强诚信文化培养，提升信用水平。制订管理制度，完善信用管理体系，明确责任分工，由副总经理分管，市场发展部负责信用管理，开展信用评价申报和维护，明确岗位职责，开展绩效考核，培养员工诚信意识，营造诚信氛围，坚持诚信守诺理念，加强人才队伍建设，丰富企业文化内涵，提出企业理念，通过文化宣贯、导师带徒、工团活动等多种形式加强诚信教育，将诚信纳入绩效考核。规范企业经营行为，树立诚信形象，坚持高效负责的经营理念，通过客户满意度调查、定期访问、业主代表参与管理等方式与业主建立合作关系，积极清偿分包款，帮助分包商解决问题，及时付清物资采购款，与供应商建立长期合作，加强中层干部廉洁从业，严把选人用人关。

九、中国能源建设集团有限公司

（一）中国能源建设集团天津电力建设有限公司

中国能源建设集团天津电力建设有限公司坚守诚信经营的根本原则，致力于企业信用体系建设，赢得了良好的市场口碑，为行业树立了诚信发展的标杆。通过设立由董事长领导的信用体系建设领导小组，强化了从总部到基层单位的信用监管和指导，确保信用体系建设全面渗透、高效运行。建立起协同工作与考核机制，利用信用监管信息系统整合资源，提升了监管效率与精准度，促进了信用管理的规范与高效。通过建立和完善制度框架，强化了事前监管和闭环管理，特别是在分包商管理上实行分级制度，严格资质审查，同时推广阳光采购，确保流程透明公正，利用"互联网＋"技术加强实时监督，有效规避信用风险，构建了坚实的履约联盟和诚信文化氛围。注重员工诚信思维的培养，通过守信清单管理、诚信评优活动及宣传教育，提升了全员的诚信意识与行为标准，形成了重信守诺的企业文化。这一系列措施不仅提升了员工的诚信素质，也营造了积极向上的工作环境。

（二）中国葛洲坝集团电力有限责任公司

中国葛洲坝集团电力有限责任公司在诚信合规管理上遵循"全员、重点、关键环节合规"的核心思路，旨在通过管理与制度创新，支撑企业高质量发展，转型为综合能源服务领域中的强者。具体措施上，大力推进"大风险合规体系"建设，完善合规组织与制度框架，强化依法合规经营，通过专项实施方案深化合规制度建设，发挥合规管理委员会在重大决策中的风控把关作用，建立信息共享机制，确保合规要求融入各业务领域，并优化企业治理体系，健全项目管理制度，推行项目法律顾问制度，从制度与实践层面全面防控风险。扎实开展信用体系建设，优化内外部信用档案管理，定期进行信用评价，强化信用准入与审查机制，开展风险预警与信用政策法规解读，以及定期信用巡查，有效监控并处置不良记录，全面提升信用管理水平。在合规执行上，严格执行各类合规负面清单，如"三个不得""十个严禁"，并制订规章制度管理基础制度，确保规章制度的合法合规性。加大对员工特别是市场与项目一线人员的诚信合规教育力度，贯彻执行上级单位的合规要求，开展风险"消存量、控增量"攻坚行动，建立健全风险防控长效机制，针对性防范化解重大风险，确保企业平稳健康有序发展，有效避免系统性、颠覆性风险，为企业的可持续发展奠定坚实基础。

（三）中国电力工程顾问集团西南电力设计院有限公司

中国电力工程顾问集团西南电力设计院有限公司在业务管理的全链条中强化信用建设，通过完善信用管理组织结构、工作机制和信息平台，以及信用指标体系，设计并执行科学的信用管理流程，确保公司在债权债务信用交易及日常运营中诚信履约。致力于构建全面的信用风险控制机制，包括事前预防、事中控制和事后问责；同时，通过强化信用文化建设，提升全员诚信意识，积极参与行业信用信息共享，维持其在能源行业中的信用领先地位。通过组织高级管理人员宣誓并签署合规承诺书，发布《诚信合规文化手册》，在全公司范围内树立和传播诚信合规文化，确保每位员工都参与到诚信合规承诺中来。重塑合规文化，推广"生产经营、合规同行"的理念，不仅新员工需签署《诚信合规承诺书》，还利用国家宪法日等契机，多样化开展法治宣传，营造法治与合规并重的工作氛围。强化信用风险意识，建立健全合规管理机制，任命首席合规官，设置专门的合规风控机构与专员，明确高风险领域的合规职责，完善合规风险清单，有效提升风险防控能力。实施了系统的信用风险识别与评估机制，定期进行风险评估与监测，确保重大风险得到控制，风险管理工作的有效实施为公司高质量发展提供保障。通过设立合规、内部控制与风险管理委员会，由最高领导层直接领导，以及不断优化数智化风控平台，将风险防控与合规管理深度融入企业运营，转变为推动业务安全发展的强大助力。

十、广东省能源集团有限公司所属企业

（一）广东粤电云河发电有限公司

广东粤电云河发电有限公司高度重视信用体系建设，在电力现货市场化进程中认识到健全高效的信用体系对于降低交易成本、增强市场用户黏度、促进企业间合作以及推动企业高质量发展的重要性。以标准化良好行为企业建设为基础，全面夯实企业信用体系建设。启动了标准化良好行为企业 AAAAA 认证工作。通过一年多的努力，全体员工积极开展企业标准化建设，通过标准化劳动竞赛、内审和培训，使得标准化意识深入人心，体系建设成功运行。公司以信用为依托开展电力市场营销。依托企业良好信用品牌力，加强与电力用户的联系，了解客户需求，为其排忧解难。重视节能降耗和环境保护工作，向全厂职工宣传碳达峰碳中和知识点，引导员工担起环保义务。2023 年，继续强化生产技术对标管理，落实节能管理措施，推动节能减排。

（二）广东粤电电力销售有限公司

广东粤电电力销售有限公司在推进智慧综合能源开发和平台化运作的同时，公司在营销业绩、平台发展、企业管理、数字化建设等方面取得优异成果，以诚信为本，塑造了良好的市场口碑，打造了粤电售电品牌。加强组织领导，优化信用体系建设机构，成立了专门的信用体系建设领导小组和工作小组，实现信用体系建设全部门覆盖。严格遵守法律法规，诚信经营，积极推进合规管理贯标工作，从未发生过违法行为，银行信用良好，上市公司身份确保了审计的透明性。不断提升诚信能力，包括资金保障能力、诚信纳税意识和合同履约结算。公司资产总额和净资产持续增长，盈利能力提升；连续四年获评纳税信用 A 级纳税人，积极履行纳税义务；坚持应付尽付、依法合规原则，实现无分歧账款零拖欠。积极塑造良好市场口碑，通过多种措施提升品牌价值，得到广大客户认可，特别是零违约、服务好、专业强的品牌形象深入人心。在广东电力市场 2023 年上半年信用评价中，获得了最高级别 AAA 级的信用评价等级。

第四章
电力征信发展

第一节　电力征信概述

征信是指依法设立的组织或者机构，依法采集、客观记录经济主体的信息，通过加工完善依法对外提供信用信息服务的一种活动。在实践中，征信可以应用广泛的信用信息，对个人和企业进行信用画像、判断信用状况，为政府及社会信用、市场主体之间金融经济和商业活动等领域提供的服务工作。

电力征信是电力行业信用体系建设的重要组成部分，是信用建设社会化、市场化、专业化服务的重要体现。电力征信主要是在电力行业及涉电力领域内，开展企业征信的相关服务活动，包括建立信用档案数据库、提供基本信用信息服务、电力征信报告服务、信用风险监测与预警服务、信用体系建设咨询服务等，为企业提供全方位的信用信息服务和数据服务，提升企业信用风险监测能力，助力电力行业信用体系建设高质量发展。

一、电力征信成效

（一）构建涉电力领域市场主体信用档案数据库

2023 年，通过运用大数据信息科技手段，对接并整合来自国家市场监督管理总局、"信用中国""信用能源"等公共信用大数据、电力征信特色数据等不同数据资源，汇集 40 余万家电力企业、电力供应商等涉电力领域市场主体信用信息档案，构建涉电力领域市场主体信用档案数据库。

（二）建立完善电力征信平台

2023 年，建立完善电力征信平台，充分利用涉电力领域市场主体信用信息，为企业运营、商务规范、电力营销、风险管理、招投标等具体市场活动提供信用服务；同时，通过平台建设和大数据分析处理，逐步实现电力企业、电力供应商领域信用信息全覆盖。平台新增发票和税务数据授权采集等功能，并能够出具具有电力行业特色的商务信用评价报告，为电力市场健康发展和社会信用建设提供更高效、更具价值的电力征信服务。

（三）提供电力征信特色服务

立足于电力行业，依托电力征信和电力大数据平台，针对不同应用场景提供数据信息服务、信用风险监测与预警服务、数智招采服务、电力供应链金融增信服务以及产品认证及国际信用服务，助力企业实现高效经营与发展。

（四）助力政府信用监管

助力国家能源局、市场监管总局、全国组织机构统一社会信用代码数据服务中心等政府机构，在市场主体信用评价、企业信用风险监测、电力征信数据服务等方面开展信用监管。充分发挥电力征信专业能力及优势，立足行业特点和实际需求，充分发挥行业服务能力，整合数据资源，推动行业数字化转型和智能化升级，助力有关政府部门推进信用监管工作。

（五）协同推进行业信用体系建设

贯彻落实《国家发展改革委办公厅关于委托中国电力企业联合会开展电力行业信用体系建设有关工作的复函》（发改办运行〔2017〕1492号）《国务院办公厅关于加快推进社会信用体系建设　构建以信用为基础的新型监管机制的指导意见》（国办发〔2019〕35号）等文件精神，以电力征信平台为支撑，全面开展企业信用管理、企业信用修复等咨询服务，系统指导电力企业提升信用管理水平，促进电力企业建立健全信用管理工作机制，强化信用建设成果应用，协同推进行业信用体系建设。

（六）标准引领电力征信规范发展

结合电力行业现状、信用体系建设及电力征信业务特点，以突出重点、全面成套、层次恰当、定位准确为原则，重点梳理了电力征信业务相关技术规范，制订了《涉电力领域征信数据元技术规范》（T/CEC 577—2021）《电力行业征信信息平台数据接口技术规范》（T/CEC 765—2023）《电力物资供应链金融服务操作管理规范》（T/CEC 766—2023）《电力征信用电数据隐私计算应用技术规范》（T/CEC 849—2023）四项标准，在行业内推广实行。

二、电力征信实践

随着我国新一轮电力体制改革的深入推进，电力企业、售电公司、大用户等市场主体参与市场化交易日趋活跃，国家对参与市场化交易的电力市场主体进行信用管理的需求显得尤为迫切。在此背景下，电力征信机构作为社会征信体系的组成部分，日益发挥着重要的作用。目前，电力行业有两家在中国人民银行备案的征信公司，分别为中电联（北京）征信有限公司和国网征信有限公司。2023 年，两家征信公司开展了卓有成效的工作。

实践 1：

中电联（北京）征信有限公司作为电力行业第一家征信合法机构，开启了我国电力行业征信的新征程。公司顺应大数据时代电力行业的发展需要与征信行业的发展方向，依托电力行业信用体系建设工作的夯实和深化，从行业面临的信用信息采集、归集等重点难点问题出发，探索开展"电力征信"服务。通过大数据技术与征信服务相结合，汇集涉电力领域市场主体信用信息、电力行业信用评价评级数据和企业公开数据信息，特别是融汇企业授权采集的用电、涉税数据，深入发掘中电联电力大数据价值，针对不同应用场景，为涉电力领域市场主体提供全方位、多层次的征信产品和服务，赋能企业高质量发展，助力电力行业信用体系建设。

2023 年，中电联（北京）征信有限公司创新开展了信用电力指数、企业信用风险监测预警、信用数据服务及电力供应商征信查询等多途径、多维度、适用性强的电力征信增值应用服务，研发了"信电查""信电贷""商务信用评价"等产品，填补了征信领域在电力行业应用的空白，强力打造"电力征信"品牌。

实践 2：

2023 年，国网征信有限公司通过融合国家电网有限公司内部供应商交易数据、客户用电数据等独特的电力大数据，以及工商、司法判决、信用中国等外部信用数据资源，经模型算法加工，形成以电力信用报告为核心的多元化征信产品体系。面向金融机构、政府部门、企事业单位统一开展商业化运营，提供信用报告、信用查询、风险预警等多样化服务，在面向外部机构提供社会化征信服务的同时，开始将专业的征信服务能力服务于国家电网公司内部。

国网征信有限公司建成"信用国网"数字生态系统，服务于国网公司信用管理工作，动态监控国网公司内部企业信用状况，防范企业内部信用风险，在线组织对公司内部企业进行精准信用画像，实现信用风险在线预警，全面推进信用管理，服务数字化转型。开展信用数据源梳理与内外部信用信息整合，建立《用电企业信用评价规范》企业标准，针对用电企业和居民相关信用场景构建用电企业电力信用评价、用电企业公共信用评价、高风险企业识别等 8 个信用评价模型。以全域用电客户信用评价系统为载体，面向国网陕西电力公司营销业务一线人员及管理人员提供信用查询、信用监测分析、黑红名单等 8 大模块功能。

第二节　电力征信建设

为了更好地利用电力市场主体信用信息以及"发、输、变、配、用"等电力数据资源，为企业运营、商务规范、电力营销、风险管理、招投标等具体市场活动提供信用服务，中电联（北京）征信有限公司按照国家信用体系建设和征信业管理相关办法，构建了具有我国特色的电力征信体系，同时通过开展"电力征信"平台建设和大数据分析处理，为电力市场健康发展和社会信用建设提供更高效、更具价值的电力征信服务。

"电力征信"平台立足于电力行业，以中电联电力大数据平台为支撑，汇集并运用公共信用大数据、行业特色数据、授权采集数据等信息，提供数据信息服务、电力征信报告服务、信用风险监测与预警服务、信用体系建设咨询服务等基础征信服务。2023 年"电力征信"平台完成改版升级，在原有功能基础上，新增了"信电查"、商务信用评价、信用电力指数、电力大数据以及金融服务等功能模块。同时平台还可以针对不同应用场景为电力集团企业、电力供应商等涉电力领域市场主体提供数智招采解决方案、风险监测解决方案等企业信用增值服务。目前，电力征信平台可对 1.6 亿工商用户提供征信查询等服务（见图 4-1）。

一、开展"信电查"服务

随着企业竞争加剧和数字化转型的加速，商务查询平台的市场需求日益旺盛，企业在复杂多变的市场环境中对精准、全面信息的需求日益迫切。包括企业对于商业信息查询、市场趋势分析、竞争对手分析等方面的场景化需求，及从单一征信数据查询发展到细化不同行业维度的精确查询、深入分析等多元化需求。

"信电查"对标天眼查、企查查等综合性商务查询平台，面向涉电力领域提供全面商业信息调查、线索发现、幕后关联、风险预警等征信服务，以及电力大数据、电力发展报告等特色查询，更快捷、全面、易懂的实现商务信息查询及电力征信特色服务。同时，通过电力征信平台数据库汇集的企业工商信息、经营情况、司法风险、知识产权等信用信息，从多方面、多角度对企业进行实时监测，开展信用信息风险核查与风险预警，出具信用风险报告（见图 4-2）。

图 4-1 "电力征信"平台

图 4-2 涉电力领域的信用风险查询平台

二、提供商务信用评价服务

有效的商务评价体系是企业树立诚信形象、提升市场信誉度的关键途径，是维护市场秩序、保障消费者权益的重要手段。

商务信用评价服务依据电力征信大数据，为企业提供信用画像和资质审核，在企业立信、物资招采、供应链金融等方面提供全方位支持，帮助企业树立诚信形象，获得消费者和市场的信任。同时，商务信用评价服务能够确保供应商的可信度，降低采购风险，促进供应链企业间的信任与合作，降低交易成本，提高供应链的效率和稳定性。

三、推广应用电力大数据

电力征信平台能够提供全面及时的电力行业数据、专业权威的行业报告及咨询服务。平台内容涵盖行业报告、行业数据、电煤指数（CECI 指数）、电力标准等，高效地支撑着电力行业市场研究、咨询及信息化建设等工作。

四、拓展信用风险监测与预警服务

在涉电力领域企业"失信联合惩戒对象名单"（黑名单）、"重点关注对象名单"，信用能源"许可与惩罚信息""安全生产黑名单""重大税收违法案件当事人""失信被执行人"等信用信息基础上，对指定企业的经营风险、司法风险、信用风险等进行监测与预警服务。为集团公司提供内部企业、供应商、相关合作方外部风险监测预警服务，及时推送风险信息，重点监测与预警涉电力领域企业失信行为信息和失信联合惩戒对象与重点关注对象。

实践：

> 2023 年，为进一步提升国网湖北省电力有限公司信用体系建设能力，加强信用数据服务力度，强化守信激励、失信惩戒，促进电力行业信用水平提升，借助大数据开发的经验与技术力量，开展"鄂电信用"数据增值服务。通过便捷的电力行业信用电力指数监测平台，为国网湖北省电力有限公司相关部门、单位提供信用数据服务，包括严重失信事件、经营异常、行政处罚等数据信息的监测与预警服务，实现内外部相关单位的信用信息共享，健全贯穿事前事中事后的全过程信用工作体系。

五、探索金融增信服务

电力行业供应链金融服务平台旨在构建一个立足涉电力领域，基于信用，去核心企业的创新性综合供应链融资平台，通过整合电力企业融资需求和金融产品，统一供应链活动中的信息流、物流和资金流的管理。融通电力行业与金融机构在产业金融各个板块的能力，依托电力供应链的真实贸易背景，发挥信用、数据、金融、科技创新等方面的优势，汇聚信息流、资金流、贸易流等关键要素，为供应链企业提供全方位、一站式、个性化金融服务，降低企业融资成本，提升融资效率，实现产业链价值高效转化（见图 4-3）。

图 4-3　电力行业供应链金融服务平台

<h1 style="text-align:center">第三节　电力征信创新发展</h1>

一、深耕数据信息服务

通过对长期积累的电力数据资源进行深度挖掘加工，以企业实时用电数据、设备运营数据洞察企业经营发展状况，辅助以工商、税务、执法等信用信息与经营者画像分析，形成电力征信报告、预警信息以及阶段性分析报告，供银行作为授信准入、贷后管理、风险预警的依据和参考。提供电力行业信息、涉电力领域市场主体工商信息、风险信息、科技成果、产品认证、安全生产、企业管理等全方位的综合数据信息服务（见图 4-4）。

	数据内容	数据来源
公共数据	政府信息公示数据：主要由市场监管数据、司法涉诉数据、税务遵从数据、重大信用记录，以及知识产权、资质荣誉和舆情动态等数据构成。	全国行政执法数据信息平台、国家企业信用公示系统、信用中国信用公式平台、中国裁判文书网、国家知识产权局信息公示系统、工商总局、国家质量监督总局、国家能源局、税务总局。
行业数据	电力行业信用数据：包括能源安全生产黑名单、能源失信被执行人、能源重大税收当事人、能源许可信息、能源处罚信息等、涉电力领域失信联合惩戒名单、重点关注名单及信用修复名单等。 电力行业信息数据：行业统计、电力可靠性、电力标准化、电力供需形势分析、电力质量监督、安全生产环保、能效对标等独家行业数据信息，电力认证报告、电力创新奖、成果鉴定等有关信息。	信用能源平台、信用电力平台、中电联企业征信数据平台，各大涉电企业和电力用户信息发布系统。
经营数据	企业全生命周期的经营过程数据，包括税款缴纳数据、违法违章数据、财务报表数据、采购发票数据和销售发票数据等，是深度分析企业经营过程，客观评价企业经营状况的主要数据。	通过企业合规授权、中电联税博通系统从电子税务局和金税工程发票服务平台采集。

图 4-4　涉电力领域市场主体数据内容及来源

二、创新开展数智招采服务

通过借助大数据、云计算等现代信息技术手段，为采购过程中的关键环节赋能，提升采购业务规范化协同能力和精细化管理水平，促进供应链上下游稳定发展，形成良好的供应链生态体系。对参与招投标活动的供应商进行资格审查、真实性验证和不良行为预警。助力实现数字化招投标商务评审及智能化评标，进一步提升供应商管理效率（见图 4-5）。

图 4-5　项目招投标及供应商管理服务

在项目招投标评审、供应商管理、项目业绩核验、履约能力核查等过程中，通过利用征信大数据技术获取供应商资质、注册、业绩等信息，将业绩合同与企业交易数据智能绑定，高效验证企业信息流、商流、资金流、物流，建立投标企业关联分析和投标行为分析模型，对供应商的供货能力持续跟踪、监测，精准核验企业业绩真实性，评估企业履约能力，加强履约全过程管理水平。此外，辅助评标专家或供应商审核人员核对供应商资质等信息，降低审核错误率，提升审核效率，助力构建行业智慧物资招采体系（见图 4-6）。

图 4-6 投标供应商项目业绩核验及供应商履约能力核查

三、深化电力供应链金融增信服务

通过进一步整合电力行业企业融资需求和金融产品，加强供应链活动中的信息流、物流和资金流的管理，实现融资的全流程在线电子化处理，为供应链的核心企业及上下游配套企业提供各经营阶段的整体金融解决方案。

（一）破除对传统供应链金融的过度依赖

为破除传统供应链金融由于对核心企业的过度依赖，存在确权难、授信难、对接难和推广难等障碍，充分发挥征信资源优势，深入推进产融协同发展，大力开展电力设备供应链金融业务，减轻融资过程对核心企业的依赖，实现供应链融资的标准化、线上化、智能化、普惠化和规模化。

（二）加速平台资源整合及优化

电力行业供应链金融服务平台通过实现"智能五找"功能，形成异业联盟的模式，实现撮合服务的应用场景，汇集股东单位物资公司和其他电力企业的设备供应商，形成规模体量，由数据智能驱动全流程、全场景的数智链接的"助贷"新模式，通过数智化产品精准推送，撮合服务，从根本上解决涉电力企业供应商、金融机构等多方需求，以及寻源、匹配、执行、交付等交易痛点，为"五找"的需求方提供全场景赋能，有效加速平台资源及区域服务能力整合优化。

四、探索信用产品认证及国际信用服务

基于电力征信系统特有数据，依托行业凝聚力和数据资源，汇集深挖行业国际合作潜能，对接国际或境外国家级平台和机构，为涉电力领域企业提供体系认证、产品认证等多维度信用信息。协助中国电力企业和供应商对外推介；协助境外厂家便捷寻找符合条件的中国电力产品和服务；为中外投融资和贸易往来提供撮合服务；提供履约能力认证、服务能力认证、国际商事证明、信用认证等服务；推动国际信用互认和信用服务走深走实，助力一带一路。

第五章 电力行业信用体系建设发展展望

第一节 机 遇 与 挑 战

近年来，在国家发展改革委、国家能源局的领导下，在各有关单位共同努力下，电力行业信用体系建设已走过了十七个年头，成效显著。

当前，电力行业正在加速构建新型电力系统，加快发展新质生产力，构筑以信用为基础的协同创新机制显得尤为重要。党的二十大报告中将社会信用与产权保护、市场准入、公平竞争一并列为市场经济基础制度。长远来看，社会信用体系建设的法治化、体系化、社会化、数字化特征将更加凸显，社会信用体系建设服务于经济社会发展、优化营商环境的功能将更加突出，在推动中国式现代化的进程中将发挥更加重要的作用，为做好电力行业信用体系建设工作提出了更高要求。同时，我们也要看到，当前电力行业信用体系建设仍面临一些问题和挑战。比如，信用制度体系建设与新型电力系统的适应性还不够高、服务行业发展新质生产力着力点还不够强，信用信息归集不够全面、共享不够充分，行业认识和重视程度还有待提高等。与此同时，在市场准入、物资采购、招投标方面行业信用评价结果应用不足；不能失信、不愿失信的行动自觉还需进一步养成；电力集团间信用信息壁垒和数据孤岛现象依然突出、电力企业和上下游供应链中，诚信缺失和信用交易风险问题依然存在；对重点关注名单企业采取的信用风险预警措施还需进一步完善，对涉电力领域市场主体失信惩戒力度还需进一步加大。上述难题需要我们深入思考、踔厉破解。

面对新形势，电力行业信用体系建设要以习近平新时代中国特色社会主义理论为指导思想，以党的二十大精神为方针，坚持系统观念，统筹发展和安全，培育和践行社会主义核心价值观，扎实推进信用理念、信用制度创新建设，信用成果应用和激励约束机制、信用手段与电力行业发展各方面各环节深度融合，进一步发挥信用对资源配置效率、降低制度性交易成本、防范化解风险的重要作用，为提升电力行业整体效能、促进形成新发展格局提供支撑保障。推动碳达峰碳中和目标实现，推动清洁能源的发展，提高电力供应的可靠性和稳定性，加强技术创新，推动电力行业的智能化发展，提高电力企业的效率和竞争力，加强信用体系建设力度，规范完善各领域各环节信用措施，切实保护各类主体合法权益。通过充分调动各类主体积极性创造性，发挥征信市场积极作用，更好发挥组织协调、示范引领、监督管理作用，形成推进电力行业信用体系建设高质量发展合力。

一、保障能源电力安全方面

能源是经济社会发展的基础支撑，电力安全更是经济社会稳定运行的关键。党的二十大明确提出了深入推进能源革命、确保能源安全、规划建设新型能源体系的战略部署，为电力安全工作的进一步开展指明了方向。面对国际、国内新形势，电力安全保障也面临着前所未有的压力和挑战。

从国际环境来看，国际能源市场的波动加剧，全球能源供需格局和治理体系正在经历深刻的调整。外部环境的复杂性、严峻性、不确定性不断上升，这要求我们在保障国内能源供应的同时，加强国际能源合作，提升能源进口多元化，减少对单一能源来源的依赖。从国内宏观经济形势看，中央经济工作会议指出我国经济回升向好、长期向好的基本趋势没有改变，强调要围绕高质量发展扎实做好经济工作。随着现代化建设全面推进，今后一个时期电力需求仍将保持刚性增长；从行业发展的视角来看，深入推进能源革命，加快建设新型能源体系，提高能源资源的安全保障能力，已经成为能源电力行业转型和高质量发展的必然要求。这不仅涉及技术创新和产业升级，也包括政策支持、市场机制的完善以及国际合作的深化。

（一）电力生产与运行安全

1. 电源侧

新型电力系统加速构建，"源网荷储"协同共治存在不足，电网安全运行风险增大。电源侧方面，部分地区高峰时段存在电力缺口的形势仍在持续，顶峰发电能力不足。通过信用体系的有效约束与激励，电力企业在安全管理方面取得了显著进步。面对非化石能源发电装机容量的增长，尤其是风电和光伏发电行业的快速发展，信用体系建设为行业提供了新的增长动力，并要求我们构建更加完善的体系以确保设备供应、资金流转和技术创新的稳定性。电源侧的信用体系需要适应新能源发电的波动性和不确定性，建立相应的信用评价和管理体系，保障新能源项目的稳定运行和电力供应的可靠性。

2. 电网侧

电网在电力系统中扮演着至关重要的角色，负责将电力从发电侧安全稳定地传输到负荷侧，并满足用户的电力需求。随着并网主体大量增加且涉网性能参差不齐，多回直流同送同受的电网格局不断强化，现有的电网运行控制理论和建模分析方法亟待革新。面对发电和负荷结构的不断变化，电网不仅要在运行策略和调节技术方面持续提升，还需加强品牌意识和责任感，确保在保障电网安全稳定的基础上，不断创新，满足发电侧和负荷侧的多样化需求，防止生命财产安全事故的发生，确保电力的高质量传输、调度和供应。2023 年，全国跨省输送电量 1.85 万亿千瓦·时，同比增长 7.2%，实现了资源的优化配置和电力的有效输送。同时通过智能化技术，电网企业可以更有效地监测和预测电网运行状态，提高电力系统的稳定性和可靠性。为保障电网的安全稳定运行，需要电网企业、政府部门、行业协会等多方协同，发挥信用制度引领作用，提升电网的安全保障能力。

3. 负荷侧

电力负荷侧作为电力系统的终端用户，在交易电力量、电力交易价格、电力平衡调节中扮演关键角色，尤其在配电网的削峰填谷和抑制波动方面发挥着重要作用。负荷侧方面，现有的调控手段尚无法对海量负荷接入做到全面可观、可测、可控，需求响应机制仍需完善。随着电力科技的发展和市场化改革的推进，负荷侧重要作用凸显，涉电力领域信用体系建设对于提升资源配置的有效性、增强需求响应能力、保障电力供应安全和系统运行安全具有重要意义。信用评价机制的引入，可进一步规范电力市场交易行为，引导用户合理用电，提升电力使用效率。

（二）电力建设与供应链安全

电力行业的高质量发展依赖于高标准的设计、高质量的施工、高品质的设备以及稳定可靠的供应链。为了保障电力系统的安全运行，电力行业需以信用体系为核心，对建设、运输等环节进行全面的信用评价和监督。这不仅能提升整体水平，还能通过征信工作和信用服务，确保供应链的安全性、有序性、高效性和畅通性。面对国际能源市场的波动和全球能源供需格局的调整，电力行业需强化企业责任，提高建设质量和安全标准，同时推动供应链的多元化和本地化相结合，减少不确定性的影响。电力行业还需加快培育战略性新兴产业，构建新技术产业链，并推动数字化与人工智能的融合，实现科技自立自强。电力行业的信用体系建设将为电力生产与运行安全提供有力保障，促进行业的稳定和可持续发展。

二、促进碳达峰碳中和目标方面

（一）推进新能源发电与电力储能发展

新能源发电与电力储能发展对实现碳达峰碳中和目标至关重要。除相关技术需要创新突破外，构建绿色电力环境价值体系也是亟待解决的问题。绿电绿证市场、可再生能源消纳责任权重、碳交易等是当前主要体现新能源价值的市场渠道。目前，各市场建设、运行主体相对独立，机制衔接不畅，权益计算互不兼容等方面的问题，未能充分体现新能源的价值。以绿色新能源电源为主体的新型电力系统对电力储能存在巨大刚性需求，因受限于成本疏导机制尚不明确，新型储能建设和收益模式仍不清晰，现行市场机制下投资建设存在较大风险，一定程度上影响了电力储能的健康可持续发展。电力行业应深入研究绿色电力环境价值体系，深入探索以信用理念和方法疏通价值传导机制，不断完善和培育新能源发电与电力储能的市场环境，大力推动相关产业发展。

（二）以数智化推动构建新型电力系统

中央经济工作会议指出，要积极稳妥推进碳达峰碳中和，加快打造绿色低碳供应链；加快建设新型能源体系，提高能源资源安全保障能力，电力行业必须主动适应能源转型发展大趋势，围绕建设清洁低碳，安全充裕，经济高效，供需协同，灵活智能的新型电力系统，持续优化调整能源结构，加快推进沙戈荒大型风光电基地建设，积极安全有序发展核电，积极稳妥发展水电，大力提升化石能源清洁高效利用和新能源安全可靠替代水平，提高电力系统平衡调节能力，规划建设新型能源体系，更好推动能源生产和消费革命，要以数字化坚强电网推动构建新型电力系统。以"云大物移智链"等现代信息技术为驱动，以数字化、智能化、绿色化为路径，数字赋能复效，电力算力融合。电力信用体系激励企业提高能源效率和清洁能源使用比例，通过信用评价机制促进企业采取节能减排措施。其次，信用体系助力金融机构识别和支持在低碳转型中表现突出企业，可为其提供资金支持。增强市场透明度，促进绿色电力消费，推动消费者选择更环保的电力产品；作为政策制定和执行的参考，帮助政府更有效地实施碳减排政策；同时促进国际合作，通过展示企业的低碳实践和成果，吸引国际投资和技术支持。

三、培育电力新质生产力方面

全球新一轮科技革命和产业变革蓬勃兴起，新能源、大电网、先进核电、新型储能、氢能等技术创新以前所未有的速度加快迭代。电力行业面临着包括适应技术快速更新带来的变化、获取新兴企业数据的难度、缺乏统一行业评价标准、增加的风险评估复杂性、需要更多政策支持、市场对新体系的接受度、跨行业融合的复杂性、持续创新的需求、专业人才的缺乏，以及将环境保护和社会责任纳入评价体系的要求。要求电力行业在构建信用体系时，不仅要关注技术与数据的更新，还需确保政策、市场和人才等多方面的支持与配合，以促进信用体系的健康发展和行业的可持续发展。

（1）加快国家能源研发创新平台建设，加强新型电力系统基础理论研究，不断攻克新能源发电主动支撑、系统运行与仿真控制等关键技术。加强多端特高压柔直、大容量长时储能、可再生能源制氢等技术研发力度，服务行业转型发展。

（2）加快构建自主可控的现代能源电力产业体系。强化专用软件、关键零部件、核心材料的国产化替代，增强抗风险能力。强化科研成果转化运用，加快绿色重大 装备研制，促进行业数字化和智能化转型升级。不断推动新一代信息技术、人工智能、云计算、区块链等新技术在电力领域的应用。

四、构建以信用为基础的统一电力市场方面

近年来电力行业坚持市场化改革方向，按照"管住中间、放开两头"体制架构，构建"统一市场、两级运作"市场框架，基本形成公开透明的电力市场秩序和"多买方，多卖方"的市场竞争格局。但随着电力体制改革进入"深水期"，电力市场还存在电力中长期、现货和辅助服务市场衔接不够，适应新型电力系统建设的电价形成和传导机制、适应能源结构转型的电力市场机制有待进一步完善。

中电联要充分发挥电力行业信用体系建设经验和行业平台优势，助力建设全国统一电力市场信用体系目标的实现，推进涉电力领域市场主体信用档案数据库的完善，促进信用信息共享；推进行业信用评价和失信治理工作在统一电力市场信用体系中的应用；推动相关标准体系的建立，助力破除电力市场壁垒及相关难点、痛点，为加快形成统一电力市场体系和行业高质量发展提供支撑保障。

第二节　发　展　展　望

以信用为基础的新型监管体制目标，电力行业将以更高站位谋求信用体系建设的创新发展，对行业信用体系建设高质量发展重点工作在基础体系建设、信用协同监管机制等方面做出展望。

一、夯实电力行业信用体系基础建设

（一）持续夯实电力安全生产基础

（1）坚持安全第一、预防为主。从安全技术体系、安全管理体系、安全文化体系等维度出发，不断完善电力安全治理体系，提升治理能力，实现从管理向治理、从单一因素管控向

系统性治理、从遏制事故发生向全面提升本质安全水平转变。

（2）更好发挥科技创新在支撑电力安全生产中的重要作用，深入实施创新驱动发展战略，加快补短板、锻长板，加大原创性、引领性、颠覆性技术攻关力度 提升电力产业链供应链现代化水平。

（二）持续完善管理制度与标准体系

持续完善电力行业信用体系管理制度与标准体系有助于加强电力行业的信用管理水平，提高行业的信用水平，保障电力供应的安全和稳定。通过建立和完善信用管理制度和标准体系，规范电力企业的行为，增强行业的自律性，减少不规范经营和欺诈行为的发生。完善电力行业信用体系管理制度与标准体系助推电力市场的建设，促进电力行业的健康发展。持续建立完善涉电力领域市场主体信用评价、重点关注名单管理制度，制定行业重点领域、关键环节信用建设标准编制计划和相关技术路线，逐步形成具有电力行业特色的信用管理制度和技术标准体系。一是加强电力行业的法律法规建设，规范电力企业的经营行为，保障电力供应的安全和稳定；二是加强电力企业的内部管理制度建设，建立完善的内部控制和风险管理机制，提高企业的信用管理水平；三是协助开展全国统一电力市场信用体系建设相关研究，参与相关标准进行立项调研、分析和编制工作；四是发挥标委会智库平台作用，搭建平台，建立与业内标准化组织沟通机制，完成标委会换届工作；五是建立和完善电力行业的信用评价和奖惩制度，对信用良好的企业给予激励和奖励，对失信企业进行惩戒和限制；六是建立健全电力行业的社会监督机制，鼓励公众和企业参与监督电力企业的经营行为，加强社会舆论的监督作用。

（三）积极协助政府推进统一电力市场信用体系的构建

电力行业致力于构建一个更加完善和高效的全国统一电力市场信用体系，为电力市场的健康发展和国家能源战略的顺利实施提供有力支持，促进整个行业的高质量发展和能源结构的转型。一是数据共享与信用档案建设，向政府相关部门提供行业信用评价、失信治理和电力征信的关键数据，着力破解电力市场信用评价不统一、激励约束不规范等问题，为形成统一开放、竞争有序、安全高效、治理完善的电力市场服务，推动电力市场主体信用档案数据库的完善，促进信用信息的广泛共享；二是信用评价与失信治理的应用推广，深化行业信用评价和失信治理工作，确保其在统一电力市场信用体系中得到有效应用，以提升市场整体的信用水平；三是信用标准制定与市场壁垒破除，推动建立与电力市场信用相关的标准，助力解决市场的壁垒问题，解决行业面临的难点和痛点；四是不断拓展信用应用场景，建立以信用为基础的、贯穿企业创立、经营、退出的全生命周期管理服务体系，进一步规范市场秩序，优化营商环境，探索开展国际电力市场信用体系的互认与合作，不断提升我国电力信用体系的国际化水平，为加速形成统一开放、竞争有序的电力市场体系，以及行业的高质量、可持续发展提供坚实的支撑和保障。

（四）强化电力行业信用信息数据共享应用

目前，电力行业信息归集已形成一定规模，应进一步加强电力行业信用信息的应用和共享，依托中电联行业大数据平台、信用电力和电力征信网站等，积极推进行业内部信用信息归集共享。充分利用大数据、云计算等现代信息技术，发挥好信用信息平台数据库功能，实现涉电力领域市场主体档案全覆盖和动态管理。加强信用信息公示披露和保密管理，确保信息安全和隐私保护。加强与金融、环保、市场监管等部门的信用信息共享，打破信息壁垒，实现信用信息的互通有无，形成信用建设合力。

（五）持续推进涉电力领域市场主体失信治理工作

继续开展涉电力领域失信联合惩戒和重点关注名单管理、信用修复工作。推进重点关注名单信用信息在会员单位内部共享，健全激励惩戒制度，构建一处失信、处处受限的信用监督、预警和惩戒工作机制，培育良好的电力营商环境。一是每季度发布一批重点关注名单，在会员单位内部分层、分类进行定期通告；二是根据实际情况，定期发布信用修复名单；三是开展拖欠电费回收失信治理试点工作；四是推动会员单位在物资采购与招投标中对进入名单的企业给予重点关注、警戒，形成了行业企业共同参与的失信联合惩戒工作局面。

（六）全面培养提升行业信用管理人员能力水平

信用管理人才是推动电力行业信用体系建设的重要力量，他们能够提供专业的信用管理知识和技能，帮助电力企业建立和完善信用管理制度和标准体系，提高信用管理水平，为电力企业提供风险管理和内部控制方面的支持，帮助企业防范和化解风险，提高企业的安全和稳定，同时信用管理人才还能够为企业提供市场分析和决策支持，帮助企业制订科学的经营策略和市场布局，信用管理人才的建设在一定程度上提高了电力企业的形象和信誉。在信用管理人才队伍建设方面，一是加强信用专家队伍的建设，培养信用专业骨干力量，指导企业开展信用建设工作；二是开展面向涉电力领域市场主体企管、风控、合规、财务、招投标、安全质量、电力交易、项目建设等专业人员的信用管理知识培训，提升与信用管理相关人员的信用评价和风险预防能力水平。鼓励企业把信用管理师纳入企业人力资源发展规划，制订信用培训制度和方案，逐步设立信用管理岗位；三是全面提高行业信用工作人员的能力、素质和管理水平，建设一支与行业信用建设相适应、专兼职相结合的信用人才队伍，为信用体系建设提供人才储备和智力支撑。

二、加强电力信用品牌建设

（一）健全诚信建设长效机制

党中央对社会信用体系建设作出了重大部署，党的二十大报告提出"弘扬诚信文化，健全诚信建设长效机制"，电力行业要认真学习贯彻，全面、准确、深入理解认识社会信用体系建设的重大意义，要结合社会信用体系建设新理念、行业发展新业态，持续加强电力行业信用体系建设创新理论研究，扎实推进信用理念、信用制度、信用手段与电力行业各领域、各环节深度融合，有序推进行业信用体系建设。研究探索全面推进全国统一电力市场信用体系建设，构建以信用为基础的市场监管机制下行业信用体系建设的思路和方法，用实际行动为会员企业和社会做好信用建设服务，树立"信用电力"的行业品牌，形成推进电力行业信用体系建设高质量发展合力。

积极探索开展电力企业信用体系建设实施指南应用试点工作。一是落实《电力企业信用体系建设实施指南》有效发挥信用对提高企业资源配置效率、降低交易成本、防范化解风险的重要作用，提升企业信用建设管理水平；二是选取 3～5 家典型企业，围绕电力生产经营信用重点环节开展试点工作，推动企业建立信用管理制度和长效运行机制，提升企业信用建设水平；三是编辑出版《〈电力企业信用体系建设实施指南〉优秀实践案例》，并进行宣贯。

（二）积极培育电力信用文化

积极贯彻社会主义核心价值观，全面推广电力行业信用价值观、信念与行为准则，提升行业对信用体系构建的认知与重视。充分利用各种媒介，通过举办信用电力知识竞赛活动、推动《电力企业信用体系建设实施指南》的试点实施等，加强信用电力知识的普及和教育，持续营造电力行业良好的信用文化氛围。

增强诚信文化宣传力度，营造积极的企业文化氛围，促进电力行业的持续健康发展。强化诚信文化宣传，积极弘扬社会主义核心价值观，培育诚信为荣、守信为本的行业风尚。一是通过组织"信用电力"网络知识竞赛活动，面向全行业、全社会普及宣传国家信用政策知识，深入推进电力行业信用体系建设，持续增强涉电领域从业人员诚信意识和信用管理水平，优化电力行业信用环境，全面塑造和推广"信用电力"品牌形象；二是加强诚信宣传与舆论引导，激励电力企业与公众参与社会诚信建设；三是有序推进电力行业信用体系建设实践创新企业，重点探索以信用为基础的监管新模式，以信用促进电力行业的绿色发展；四是及时总结并推广典型做法与成功经验，提升先进经验的复制效率，推动全行业信用体系建设水平提升，确保电力企业的长期稳定发展。

（三）推动形成一批信用实践创新企业

加强行业诚信自律宣传和舆论导向，大力弘扬社会主义核心价值观，推动鼓励涉电力领域市场主体积极参与诚信建设活动，引导诚实守信成为电力行业的核心价值导向和各类主体的自觉追求，逐步形成行业内崇尚诚信、践行诚信的良好风尚。遴选电力行业信用体系建设实践创新企业，及时总结推广典型做法和成功经验。

（四）推动建立银企合作机制

创新电力信用融资产品和服务，推动建立银企合作的良好工作机制，加快建设电力供应链金融服务平台。加强电力信用信息同金融信息共享整合，推广基于信用信息和大数据开发利用的"信易贷"模式。深入研究电力供应链金融服务，充分运用电力征信手段，帮助核心企业的上下游企业提高竞争力，包括解决中小企业融资难、使用金融技术手段推进中小企业提升管理水平和经营水平。

三、加快电力信用服务与电力征信产品创新应用

（一）依法规范开展涉电力领域市场主体信用评价

基于公共信用综合评价，电力领域市场主体的信用评价工作通过融合和应用公共信用信息，实现事前、事中、事后的动态比对，以确保评价结果的一致性、可比性和有效性。持续开展信用评价工作，组织专家对发电、电网、售电企业，电力用户，设计、施工、监理、承装（修、试）企业，以及涉电力领域的社会组织、设备制造商、信息技术服务提供商和综合能源服务企业等进行细致的行业信用评价。为增强透明度和公信力，中电联每季度将行业信用评级结果发布并公示于信用电力网站。

（1）充分发挥政府部门、行业与企业的信用预警联动作用，对守信的市场主体在行业准入、招投标、市场推介、金融服务等方面予以优惠措施，鼓励集团公司对信用体系建设作出贡献的企业进行奖励，引导处在"电力信用链"的各方主体形成守信意识与自觉约束的良好共识。

（2）对失信的市场主体在招标投标、电力市场交易等环节采取限制性措施，利用市场化手段提高失信成本。

（二）服务电力企业拓展海外市场

积极拓展电力设备与技术进出口信用管理，探索电力行业国际双向投资、工程建设、对外援助等领域对外合作信用建设，稳步开展规则、规制、管理、标准等制度型工作，向"走出去"企业提供国际商事信用认证等相关工作，助力电力企业拓展海外市场，服务高质量共建"一带一路"，为构建信用领域更加公正合理的国际治理体系贡献中国智慧、提供中国方案。

（三）深入推进信用电力指数与监测排名工作

进一步贯彻落实《关于推进社会信用体系建设高质量发展促进形成新发展格局的意见》，立足经济社会发展全局，整体布局、突出重点，有序推进电力行业信用建设。进一步扩大信用电力指数数据来源，加强与政府、集团公司的信用信息共享，扩展电力生产经营信用相关数据，完善电力征信数据库建设；持续优化信用电力指数指标模型，通过研究更加全面、完整、科学的模型，开展信用监测定制化服务，助力企业提升风险防范水平。

加强各大电力集团及所属企业的信用风险监测和指数排名推广，通过信用电力指数监测系统实现指数计算和信用风险动态展示，帮助电力企业横向对标、查漏补缺。提高信用信息覆盖面，积极完善电力征信信息基础数据库，建立集团企业及其所属单位信用风险监测预警系统，对涉电力集团企业信用状况进行综合评价，利用"信用电力指数"综合反映各集团企业的信用体系建设水平，助力集团企业查漏补缺，持续完善和提高信用管理能力。有效发挥"电力征信"大数据平台作用，构建形成覆盖涉电力领域主体、各种信用信息类别和各电力集团的信用信息网络，建立标准统一、权威准确的"信用电力"档案。一是进一步完善信用电力指数监测系统和数据库建设，优化数据质量和指标模型，分级分层开展信用电力指数监测；二是按季度向会员单位发布《信用电力指数与监测排名报告》开展监测风险指标信息深度分析，向重点企业提供分析报告，助力集团公司横向对标，提高信用管理水平；三是开展集团企业信用合规风险定向预警监测服务，提供集团内部监测分析报告，助力集团内外部对标，防范信用合规风险。

（四）加强信用风险监测与预警

目前，涉电力领域失信治理成果广泛应用已经初步实现。面向全行业征集、认定、监测、发布涉电力领域市场主体"重点关注名单"和"失信修复名单"，重点关注名单已在全行业招标采购和信用金融信贷服务中得到充分应用，重点关注名单制度已成为规范电力行业信用自律管理的有效手段。一是建立信用风险监测指标体系，包括企业的经营状况、财务状况、信用记录、债务偿还能力等指标，以及行业整体经济环境、政策变化等因素的影响，及时发现潜在风险；二是实时监测高度重视信用风险，结合企业信用状况，对失信企业和严重失信企业要及时提醒、督促、检查，指导相关企业加强自我管理、自我约束，依法诚信经营，电力集团企业要发挥龙头表率作用，加强合规履约管理，动态监测企业信用状况，及时预警风险隐患，增强企业遵纪守法、守信践诺意识，塑造整体信用形象；三是定期评估信用风险，对电力企业的信用风险进行评估，包括对企业的信用评级、债务偿还能力、违约风险等因素的评估，为制订风险应对措施提供依据；四是制订风险应对预案。针对电力行业特点制订针对不同风险的应对预案，针对不同信用风险状况制订相应的风险防控措施，确保在风险发生时能够迅速、有效地应对，有效防范和化解信用风险，促进电力行业的健康发展。

（五）积极引领征信业务创新发展

借助中电联电力大数据平台、电力征信平台及人工智能等技术提高征信服务的准确性和效率，为电力企业经营管理关键环节赋能。加强对电力行业征信风险的识别、评估、控制和企业信用风险监测预警，开展电力行业数智化招采工作，整合电力行业企业融资需求和金融产品，大力推动电力供应链"信电贷"产品金融服务，形成以信用信息为基础的供应链金融新模式，为中小微企业尤其是电力供应链民营企业提供便捷化的融资渠道。一是为涉电力领域市场主体提供公共信用信息和电力大数据查询功能，为政府机构、银行、证券、会计师事务所、律所、媒体、企业等提供全面商业信息调查、线索发现、幕后关联、风险预警等系统性解决方案；二是完成自动化、智能化的电力行业信用合规风险监测及预警管理服务平台建设，将信用风险事后处置向事前预警防范转变，提高风险预警的准确性、有效性和及时性，有效保证企业稳定经营，全面提升企业信用风险管理水平。在企业、集团、协会探索开展试点工作；三是建立基于信用、去核心化，面向涉电力领域市场主体的，以中电联商务信用评价结果为支撑的电力供应链产业金融"五找平台"，实现"找资金、找客户、找项目、找服务、找产品"五个功能，打造具有电力特色的"信电贷"金融产品，探索开展"煤电贷"、电力保函替代保证金等试点工作；四是关注国际电力征信业务的发展趋势，探索国际合作机会，提升国内电力征信业务的国际竞争力。

四、大力协同能源与电力行业监管

信用监管是提升社会监管能力和水平，规范市场秩序，优化营商环境的重要手段，其目的就是为守信者"降成本、减压力"，让失信者"增压力、付代价"，推动政府治理体系和治理能力现代化。要在事前、事中和事后进行信用监管，以公共信用综合评价结果、行业信用评价结果等为依据，对监管对象进行分级分类，根据信用等级高低采取差异化的监管措施。

目前，各地方政府部门、行业协会、电力交易中心都在开展信用评价，评价标准不统一，采信应用不统一，中电联作为行业组织，要在配合政府部门在电力市场主体信用信息归集、行业信用评价等方面协助做好信用分类监管，在优良信用记录、不良信用记录等方面帮助企业做好风险防控，要做积极的探索和实践。一是充分发挥电力行业信用体系建设组织作用，凝聚行业各方力量，建立统筹协调机制，精心组织实施，加大信用政策宣传力度，在涉电力领域物资采购、招投标管理、生产经营和劳动用工管理等各环节中强化信用自律，企业自律和行业信用生态环境得到有效提升和改善；二是持续完善各电力企业安全生产、工程建设、企业经营、电力营销、招投标、合同履约、劳动用工等信用记录，深入开展行业信用评级，加强信用监测和风险预警，让行业自律监督挺在前面，发挥行业信用"前哨""第一关""第一道防线"作用，提高全行业信用水平；三是加强行业守信激励和失信惩戒，建立健全电力行业信用约束长效机制，进一步规范行业和市场秩序；大力推进电力行业质量和品牌信用建设，大力推进涉电力领域市场主体商务信用综合评价，全面提高电力产业链和供应链安全可控水平。

"工欲善其事必先利其器"，加强电力行业信用体系基础建设、提升信用电力品牌建设、加快电力信用服务与电力征信产品创新应用、强化信用监管构建以行业信用评价为重点的企业信用状况综合评价体系四个方面重点工作的有序推进和有效落实，对于保障能源电力安全、促进碳达峰碳中和目标实现、提升电力新质生产力和构建统一电力市场目标的实现，具有积极的引领和强有力的促进作用。

附录

附录 1　我国社会信用体系建设概览

中国社会信用体系正朝着持续完善和深化的方向发展，其核心举措包括加强信息整合与共享，以促进资源的高效利用。同时，通过立法推进，确保信用体系在法治轨道上稳健运行，提供坚实的法律支撑。标准化建设也在同步进行，旨在实现信用评价标准的统一化，提高整个体系的规范化和透明度。展望未来，中国社会信用体系致力于营造一个公平公正的信用环境，为经济社会的高质量发展提供有力支撑。

1999 年

7 月：上海资信有限公司成立，成为全国首家个人征信机构，推动了中国个人征信体系的建设，也为征信市场的健康发展奠定了基础。

7 月：首批市民信用信息进入"信用档案中心"对于中国征信体系的建设具有里程碑意义，为后来个人征信业务的发展奠定了基础。

2000 年

6 月：国务院发布《社会信用体系建设规划纲要（2014—2020 年）》，标志着信用法治化、规范化开始。

2014 年

6 月："信用中国"网站正式上线。
10 月：全国信用信息共享平台先导工程启动。
12 月：《国务院机构改革和职能转变方案》提出建立统一社会信用代码制度。

2015 年

1 月：信用修复机制相关工作启动，信用监管成为新型监管机制核心。
7 月：国务院办公厅印发《关于加快推进社会信用体系建设构建以信用为基础的新型监管机制的指导意见》。
9 月：第二批社会信用体系建设示范城市（区）名单公布。

2019 年

8 月：中央精神文明建设指导委员会启动诚信缺失突出问题专项治理行动。
9 月：中央财经委员会强调完善社会信用体系。
12 月：《关于进一步完善失信约束制度构建诚信建设长效机制的指导意见》发布。

2020 年

8 月：市场监管总局公布多个信用管理文件，强化信用监管。
10 月：第三批社会信用体系建设示范区名单公布。
12 月：《全国公共信用信息基础目录》和《全国失信惩戒措施基础清单》发布。

2021 年

2 月：《中共中央　国务院关于做好 2022 年全面推进乡村振兴重点工作的意见》强调农村信用体系建设。
3 月：《关于推进社会信用体系建设高质量发展促进形成新发展格局的意见》发布。
11 月：《中华人民共和国社会信用体系建设法（向社会公开征求意见稿）》公开征求意见。

2022 年

1 月：国家发展改革委公布《失信行为纠正后的信用信息修复管理办法（试行）》为信用修复提供了具体的操作规范，标志着信用修复机制的进一步完善。
3 月：《政府工作报告》提及推进社会信用体系建设。
8 月：第四批社会信用体系建设示范区名单公布。
9 月：《社会信用建设法》被纳入立法规划。

2023 年

1 月：全国融资信用服务平台正式发布。
4 月：水利部、国家疾控局加入社会信用体系建设部际联席会议。
6 月：《2024—2025 年社会信用体系建设行动计划》印发，明确近期信用体系建设重点任务。

2024 年

附录 2　我国信用体系建设相关政策

一、中共中央、国务院文件

印发时间	发文单位	文件名称	文号/发布日期
2023 年 12 月 11 日	国务院办公厅	《关于加快内外贸一体化发展的若干措施》	国办发〔2023〕42 号
2023 年 11 月 8 日	国务院办公厅	《关于规范实施政府和社会资本合作新机制的指导意见》的通知	国办函〔2023〕115 号
2023 年 7 月 14 日	中共中央、国务院	《中共中央国务院关于促进民营经济发展壮大的意见》	—
2023 年 2 月 17 日	国务院办公厅	《关于深入推进跨部门综合监管的指导意见》	国办发〔2023〕1 号
2022 年 12 月 2 日	中共中央、国务院	《关于构建数据基础制度更好发挥数据要素作用的意见》	2022 年 12 月 2 日
2022 年 9 月 23 日	国务院办公厅	《关于深化电子电器行业管理制度改革的意见》	国办发〔2022〕31 号
2022 年 9 月 15 日	国务院办公厅	《关于进一步优化营商环境降低市场主体制度性交易成本的意见》	国办发〔2022〕30 号
2022 年 4 月 10 日	中共中央、国务院	《关于加快建设全国统一大市场的意见》	2022 年 3 月 25 日
2022 年 3 月 19 日	中共中央办公厅国务院办公厅	《关于推进社会信用体系建设高质量发展促进形成新发展格局的意见》	中办发〔2022〕25 号
2021 年 12 月 29 日	国务院办公厅	《关于印发加强信用信息共享应用促进中小微企业融资实施方案的通知》	国办发〔2021〕52 号
2020 年 12 月 18 日	国务院办公厅	《关于进一步完善失信约束制度构建诚信建设长效机制的指导意见》	国办发〔2020〕49 号
2020 年 11 月 9 日	国务院办公厅	《关于全面推行证明事项和涉企经营许可事项告知承诺制的指导意见》	国办发〔2020〕42 号
2020 年 11 月 1 日	国务院办公厅	《关于印发全国深化"放管服"改革优化营商环境电视电话会议重点任务分工方案》	国办发〔2020〕43 号
2019 年 10 月 22 日	国务院	《优化营商环境条例》	国务院令第 722 号
2019 年 9 月 12 日	国务院	《关于加强和规范事中事后监管的指导意见》	国发〔2019〕18 号
2019 年 7 月 16 日	国务院办公厅	《关于加快推进社会信用体系建设构建以信用为基础的新型监管机制的指导意见》	国办发〔2019〕35 号
2016 年 12 月 23 日	国务院办公厅	《关于加强个人诚信体系建设的指导意见》	国办发〔2016〕98 号
2016 年 12 月 22 日	国务院	《关于加强政务诚信建设的指导意见》	国发〔2016〕76 号

印发时间	发文单位	文件名称	文号/发布日期
2016 年 9 月 25 日	中共中央办公厅 国务院办公厅	《关于加快推进失信被执行人信用监督、警示和惩戒机制建设的意见》	中办发〔2016〕64 号
2016 年 6 月 30 日	国务院办公厅	《关于加快推进"五证合一、一照一码"登记制度改革的通知》	国办发〔2016〕53 号
2016 年 5 月 30 日	国务院	《关于建立完善守信联合激励和失信联合惩戒制度加快推进社会诚信建设的指导意见》	国发〔2016〕33 号
2015 年 11 月 3 日	国务院	《关于"先照后证"改革后加强事中事后监管的意见》	国发〔2015〕62 号
2015 年 6 月 17 日	国务院	《法人和其他组织统一社会信用代码制度建设总体方案》	国发〔2015〕33 号
2015 年 7 月 1 日	国务院办公厅	《关于运用大数据加强对市场主体服务和监管的若干意见》	国办发〔2015〕51 号
2014 年 7 月 23 日	国务院	《企业信息公示暂行条例》	国务院令第 654 号
2014 年 6 月 14 日	国务院	《社会信用体系建设规划纲要（2014—2020 年）》	国发〔2014〕21 号
2014 年 6 月 4 日	国务院	《关于促进市场公平竞争维护市场正常秩序的若干意见》	国发〔2014〕20 号
2013 年 3 月 15 日	国务院	《征信业管理条例》	国务院令第 631 号

二、国家发展改革委文件

印发时间	发文单位	文件名称	文号
2023 年 1 月 6 日	国家发展改革委等	《国家发展改革委等部门关于完善招标投标交易担保制度进一步降低招标投标交易成本的通知》	发改法规〔2023〕27 号
2023 年 1 月 17 日	国家发展改革委	《失信行为纠正后的信用信息修复管理办法（试行）》	2023 年第 58 号令
2023 年 3 月 8 日	国家发展改革委、市场监管总局	《国家发展改革委 市场监管总局关于进一步加强节能标准更新升级和应用实施的通知》	发改环资规〔2023〕269 号
2023 年 8 月 5 日	国家发展改革委	《国家发展改革委关于完善政府诚信履约机制优化民营经济发展环境的通知》	发改财金〔2023〕1103 号
2023 年 9 月 7 日	国家发展改革委、国家能源局	国家发展改革委 国家能源局关于印发《电力现货市场基本规则（试行）》的通知	发改能源规〔2023〕1217 号
2023 年 10 月 29 日	国家发展改革委	《国家发展改革委办公厅关于规范招标投标领域信用评价应用的通知》	发改办财金〔2023〕860 号

印发时间	发文单位	文件名称	文号
2023 年 12 月 27 日	国家发展改革委	《电能质量管理办法（暂行）》	2023 年第 8 号令
2023 年 12 月 29 日	国家发展改革委	《中央预算内投资项目监督管理办法》	2023 年第 10 号令
2022 年 10 月 28 日	国家发展改革委	《关于进一步完善政策环境加大力度支持民间投资发展的意见》	发改投资〔2022〕1652 号
2022 年 10 月 8 日	国家发展改革委	《关于印发长三角国际一流营商环境建设三年行动方案的通知》	发改法规〔2022〕1562 号
2022 年 8 月 1 日	国家发展改革委、工业和信息化部、公安部、住房和城乡建设部、交通运输部、水利部、农业农村部、商务部、审计署、广电总局、国家能源局、国家铁路局、民航局	《关于严格执行招标投标法规制度进一步规范招标投标》	发改法规规〔2022〕1117 号
2022 年 4 月 7 日	国家发展改革委、银保监会	《关于加强信用信息共享应用推进融资信用服务平台网络建设的通知》	发改办财金〔2022〕299 号
2022 年 3 月 16 日	国家发展改革委	《关于重点开展"征信修复"问题专项治理的通知》	发改办财金〔2022〕209 号
2022 年 3 月 12 日	国家发展改革委、商务部	《关于印发〈市场准入负面清单（2022 年版）〉的通知》	发改体改规〔2022〕397 号
2022 年 1 月 18 日	国家发展改革委、国家能源局	《关于加快建设全国统一电力市场体系的指导意见》	发改体改〔2022〕118 号
2021 年 12 月 16 日	国家发展改革委、中国人民银行	《关于印发〈全国公共信用信息基础目录（2021 年版）〉和〈全国失信惩戒措施基础清单（2021 年版）〉的通知》	发改财金规〔2021〕1827 号
2021 年 5 月 17 日	国家发展改革委	《关于开展 2020 年度企业债券主承销商和信用评级机构信用评价工作的通知》	发改办财金〔2021〕409 号
2021 年 1 月 8 日	国家发展改革委	《公共信用信息报告标准（2021 年版）》	发改办财金〔2021〕28 号

印发时间	发文单位	文件名称	文号
2020 年 10 月 14 日	国家发展改革委、国家科技部、工信部、财政部、国家人力资源和社会保障部、中国人民银行	《关于支持民营企业加快改革发展与转型升级的实施意见》	发改体改〔2020〕1566 号
2020 年 7 月 17 日	国家发展改革委	《关于扎实做好公务员录用、调任人选社会信用记录查询工作的通知》	发改办财金〔2020〕552 号
2020 年 5 月 26 日	国家发展改革委、国家工信息部、财政部、中国人民银行、中国银保监会、国家市场监督管理总局、国家外汇管理局	《关于进一步强化中小微企业金融服务的指导意见》	银发〔2020〕120 号
2019 年 11 月 26 日	国家发展改革委、中国人民银行、财政部、中国证监会	《信用评级业管理暂行办法》	中国人民银行国家发展和改革委员会财政部中国证券监督管理委员会令〔2019〕第 5 号
2019 年 9 月 12 日	国家发展改革委、中国银保监会	《关于深入开展"信易贷"支持中小微企业融资的通知》	发改财金〔2019〕1491 号
2019 年 9 月 1 日	国家发展改革委	《关于推送并应用市场主体公共信用综合评价结果的通知》	发改办财金〔2019〕885 号
2019 年 8 月 20 日	国家发展改革委、国家税务总局	《关于加强个人所得税纳税信用建设的通知》	发改办财金规〔2019〕860 号
2019 年 4 月 30 日	国家发展改革委	《关于进一步完善"信用中国"网站及地方信用门户网站行政处罚信息信用修复机制的通知》	发改办财金〔2019〕527 号
2018 年 7 月 24 日	国家发展改革委、中国人民银行	《关于对失信主体加强信用监管的通知》	发改办财金〔2018〕893 号
2018 年 7 月 25 日	国家发展改革委	《关于进一步完善行政许可和行政处罚等信用信息公示工作的指导意见》	发改办财金〔2018〕424 号
2018 年 7 月 4 日	国家发展改革委、市场监管总局	《关于更新调整行政许可和行政处罚等信用信息数据归集公示标准的通知》	发改办财金〔2018〕790 号

印发时间	发文单位	文件名称	文号
2018 年 1 月 19 日	国家发展改革委	《关于做好〈关于加强和规范守信联合激励和失信联合惩戒对象名单管理工作的指导意见〉贯彻落实工作的通知》	发改办财金〔2018〕87 号
2018 年 3 月 1 日	国家发展改革委	《关于在办理相关业务中使用统一社会信用代码的通知》	发改办财金〔2018〕277 号
2017 年 10 月 30 日	国家发展改革委、中国人民银行	《关于加强和规范守信联合激励和失信联合惩戒对象名单管理工作的指导意见》	发改财金规〔2017〕1798 号
2017 年 7 月 6 日	国家发展改革委	《关于进一步规范"信用中国"网站和地方信用门户网站行政处罚信息公示工作的通知》	发改办财金〔2017〕1171 号

三、国家有关部委、机关文件

发布时间	发布单位	文件名称	文号
2023 年 8 月 9 日	商务部、国家发展改革委、金融监管总局	《商务部　国家发展改革委　金融监管总局　关于推动商务信用体系建设高质量发展的指导意见》	—
2023 年 3 月 29 日	国家能源局	《电力行业公共信用综合评价标准（试行）》	国能发资质规〔2023〕28 号
2023 年 2 月 9 日	国家能源局	《能源行业信用信息应用清单（2023 年版）》	国能发资质规〔2023〕16 号
2023 年 1 月 4 日	国家能源局	国家能源局关于印发《2023 年能源监管工作要点》的通知	国能发监管〔2023〕4 号
2022 年 11 月 2 日	市场监管总局	《关于推进诚信计量体系建设的指导意见》	市监计量发〔2022〕98 号
2022 年 7 月 16 日	国家能源局	《关于印发〈能源行业市场主体信用数据清单（2022 年版）〉和〈能源行业市场主体信用行为清单（2022 年版）〉的通知》	国能发资质规〔2022〕75 号
2022 年 5 月 27 日	交通运输部	《关于印发〈出租汽车服务质量信誉考核办法〉的通知》	交运规〔2022〕2 号
2022 年 3 月 25 日	市场监管总局、国务院国资委、国家能源局	《关于全面加强电力设备产品质量安全治理工作的指导意见》	国市监质监发〔2022〕42 号
2022 年 3 月 16 日	市场监管总局	《关于印发〈2022 年重点工业产品质量安全排查治理专项行动工作方案〉的通知》	—

发布时间	发布单位	文件名称	文号
2022 年 3 月 1 日	市场监管总局	《中华人民共和国市场主体登记管理条例实施细则》	国家市场监督管理总局令第 52 号
2022 年 1 月 24 日	国家知识产权局	《知识产权信用管理规定》	国知发保字〔2022〕8 号
2022 年 1 月 13 日	市场监管总局	《关于推进企业信用风险分类管理进一步提升监管效能的意见》	国市监信发〔2022〕6 号
2021 年 12 月 31 日	国家税务总局	《重大税收违法失信主体信息公布管理办法》	国家税务总局令第 54 号
2021 年 7 月 30 日	市场监管总局	《市场监督管理信用修复管理办法》	国市监信规〔2021〕3 号
2021 年 9 月 27 日	中国人民银行	《征信业务管理办法》	中国人民银行令〔2021〕第 4 号
2021 年 11 月 15 日	国家税务总局	《关于纳税信用评价与修复有关事项的公告》	国家税务总局公告 2021 年第 31 号
2021 年 11 月 10 日	国家人力资源和社会保障部	《拖欠农民工工资失信联合惩戒对象名单管理暂行办法》	人社部令第 45 号
2021 年 11 月 11 日	文化和旅游部	《文化和旅游市场信用管理规定》	中华人民共和国文化和旅游部令第 7 号
2020 年 6 月 1 日	中国人民银行银保监会	《关于加大小微企业信用贷款支持力度的通知》	银发〔2020〕123 号
2019 年 10 月 23 日	国家能源局	《关于实施电力业务许可信用监管的通知》·《承装(修、试)电力设施许可信用监管应用措施清单(2019 版)》	国能发资质〔2019〕79 号
2019 年 10 月 16 日	国家知识产权局	《专利领域严重失信联合惩戒对象名单管理办法(试行)》的通知	国知发保字〔2019〕52 号
2019 年 4 月 22 日	国家能源局	《关于明确涉电力领域失信联合惩戒对象名单管理有关工作的通知》	国能发资质〔2019〕33 号
2018 年 11 月 7 日	国家税务总局	《重大税收违法失信案件信息公布办法》	国家税务总局公告 2018 年第 54 号
2018 年 7 月 31 日	中央精神文明建设指导委员会	《关于集中治理诚信缺失突出问题提升全社会诚信水平的工作方案》	文明委〔2018〕4 号

附录 3　我国信用相关标准

一、国家标准

标准号	标准名称	实施日期	标准状态
GB/T 23794—2023	企业信用评价指标	2023/3/17	现行
GB/T 42337—2023	公共信用信息报告编制指南	2023/3/17	现行
GB/Z 42510—2023	饭店业信用等级评价规范	2023/3/17	现行
GB/T 31953—2023	企业信用评价报告编制指南	2023/3/17	现行
GB/T 42507—2023	从业人员信用档案建设与管理要求	2023/3/17	现行
GB/T 42506—2023	国有企业采购信用信息公示规范	2023/3/17	现行
GB/T 26817—2023	企业信用调查报告格式要求基本信息报告、普通调查报告、深度调查报告	2023/3/17	现行
GB/T 16608.1—2023	有质量评定的电信用基础机电继电器　第1部分：总规范与空白详细规范	2023/10/1	现行
GB/Z 41688—2022	帮扶对象　个人信用档案信息规范	2023/5/1	现行
GB/Z 41687—2022	帮扶对象　企业信用档案信息规范	2023/5/1	现行
GB/T 41562—2022	消费品在线信誉　等级划分方法	2023/2/1	现行
GB/T 41430—2022	消费品在线信誉评价指标体系	2022/11/1	现行
GB/T 41414—2022	消费品在线信誉评价方法	2022/11/1	现行
GB/Z 41465—2022	公共资源交易主体信用评价实施指南	2022/8/1	现行
GB/T 41196—2021	公共信用信息公示通则	2022/7/1	现行
GB/T 41195—2021	公共信用信息基础数据项规范	2022/7/1	现行
GB/T 40840—2021	法人和其他组织统一社会信用代码数据库建设和管理要求	2022/5/1	现行
GB/T 40477—2021	电子商务信用　网络零售信用基本要求　服务产品提供	2022/3/1	现行
GB/T 40476—2021	电子商务信用　网络零售信用基本要求　数字产品零售	2022/3/1	现行
GB/T 40483—2021	数字文化企业信用评价指标	2022/3/1	现行
GB/T 40478—2021	企业信用监管档案数据项规范	2022/3/1	现行
GB/T 34830.2—2021	信用信息征集规范　第2部分：内容	2022/3/1	现行
GB/T 40149—2021	检验检测机构从业人员信用档案建设规范	2021/12/1	现行
GB/T 39663—2021	检验检测机构诚信报告编制规范	2021/11/1	现行
GB/T 39887—2021	企业在线信誉评价指标体系	2021/10/1	现行

标准号	标准名称	实施日期	标准状态
GB/T 39683—2020	政务服务中介机构信用等级划分与评价规范	2021/4/1	现行
GB/T 39446—2020	公共信用信息代码集	2021/6/1	现行
GB/T 39445—2020	公共信用信息数据元	2021/6/1	现行
GB/T 39441—2020	公共信用信息分类与编码规范	2020/11/19	现行
GB/T 39442—2020	公共信用信息资源标识规则	2021/6/1	现行
GB/T 39444—2020	公共信用信息标准总体架构	2020/11/19	现行
GB/T 39443—2020	公共信用信息交换方式及接口规范	2020/11/19	现行
GB/T 39450—2020	商贸流通企业信用评价指标	2021/6/1	现行
GB/T 39440—2020	公共信用信息资源目录编制指南	2020/11/19	现行
GB/T 39449—2020	公共信用信息数据字典维护与管理	2021/6/1	现行
GB/T 39053—2020	跨境电子商务平台商家信用评价规范	2021/2/1	现行
GB/T 38253—2019	家居用品企业诚信管理体系　要求	2020/7/1	现行
GB/T 37927—2019	科研信用信息征集规范	2020/3/1	现行
GB/T 37914—2019	信用信息分类与编码规范	2020/3/1	现行
GB/T 37149—2018	统一社会信用代码地理信息采集规范	2019/7/1	现行
GB/T 36610—2018	用于微博客的法人和其他组织统一社会信用代码实名认证服务接口规范	2019/4/1	现行
GB/T 22117—2018	信用　基本术语	2018/10/1	现行
GB/T 36302—2018	电子商务信用　自营型网络零售平台信用管理体系要求	2018/10/1	现行
GB/T 36304—2018	电子商务信用　第三方网络零售平台信用管理体系要求	2018/10/1	现行
GB/T 36312—2018	电子商务第三方平台企业信用评价规范	2018/10/1	现行
GB/T 36314—2018	电子商务企业信用档案信息规范	2018/10/1	现行
GB/T 36308—2018	检验检测机构诚信评价规范	2018/10/1	现行
GB/T 36104—2018	法人和其他组织统一社会信用代码基础数据元	2018/7/1	现行
GB/T 36105—2018	法人和其他组织统一社会信用代码赋码操作规范	2018/7/1	现行
GB/T 36106—2018	法人和其他组织统一社会信用代码数据管理规范	2018/7/1	现行
GB/T 36107—2018	法人和其他组织统一社会信用代码数据交换接口	2018/7/1	现行
GB/T 35431—2017	信用标准体系总体架构	2018/4/1	现行
GB/T 35434—2017	商贸物流企业信用评价指标	2018/4/1	现行

标准号	标准名称	实施日期	标准状态
GB/T 34056—2017	电子商务信用 网络零售信用评价指标体系	2017/11/1	现行
GB/T 34057—2017	电子商务信用 网络零售信用基本要求 消费品零售	2018/2/1	现行
GB/T 34058—2017	电子商务信用 B2B 网络交易卖方信用评价指标	2018/2/1	现行
GB/T 23793—2017	合格供应商信用评价规范	2017/11/1	现行
GB/T 22119—2017	信用服务机构 诚信评价业务规范	2018/2/1	现行
GB/T 34830.1—2017	信用信息征集规范 第 1 部分：总则	2018/2/1	现行
GB/T 34827—2017	电子商务信用 第三方网络零售平台交易纠纷处理通则	2018/2/1	现行
GB/T 33717—2017	电子商务信用 B2B 第三方交易平台信用规范	2017/12/1	现行
GB/T 33718—2017	企业合同信用指标指南	2017/12/1	现行
GB/T 33300—2016	食品工业企业诚信管理体系	2017/7/1	现行
GB/T 31864—2016	职业经理人信用评价指标	2016/8/1	现行
GB/T 32171—2015	基于 ebXML 不可撤销跟单信用证报文	2016/7/1	现行
GB/T 32172—2015	基于 ebXML 不可撤销跟单信用证申请书报文	2016/7/1	现行
GB/T 23794—2015	企业信用评价指标	2016/1/1	现行
GB/T 31863—2015	企业质量信用评价指标	2016/1/1	现行
GB/T 31867—2015	社会组织信用评价指标	2016/1/1	现行
GB/T 31870—2015	企业质量信用报告编写指南	2016/1/1	现行
GB/T 31950—2015	企业诚信管理体系	2016/1/1	现行
GB/T 31951—2015	电子商务信用 网络交易信用主体分类	2016/1/1	现行
GB/T 31952—2015	企业信用档案信息规范	2016/1/1	现行
GB/T 31953—2015	企业信用评估报告编制指南	2016/1/1	现行
GB/T 32100—2015	法人和其他组织统一社会信用代码编码规则	2015/10/1	现行
GB/T 31880—2015	检验检测机构诚信基本要求	2015/11/1	现行
GB/T 30837—2014	信用证进口货物质押监管作业规范	2014/8/1	现行
GB/T 30345—2013	国际物流企业信用管理规范	2014/7/1	现行
GB/T 27201—2013	认证机构信用评价准则	2013/12/1	现行
GB/T 27202—2013	认证执业人员信用评价准则	2013/12/1	现行

续表

标准号	标准名称	实施日期	标准状态
GB/T 29622—2013	电子商务信用 卖方交易信用信息披露规范	2013/11/30	现行
GB/T 29467—2012	企业质量诚信管理实施规范	2013/7/31	现行
GB/T 28836—2012	国际物流企业信用评价指标要素	2012/12/1	现行
GB/T 28041—2011	基于电子商务活动的交易主体 个人信用评价指标体系及表示规范	2012/2/1	现行
GB/T 28042—2011	基于电子商务活动的交易主体 个人信用档案规范	2012/2/1	现行
GB/T 26818—2011	个人信用调查报告格式规范 基本信息报告	2011/12/1	现行
GB/T 26819—2011	信用主体标识规范	2011/12/1	现行

二、重点领域行业标准（含电力）

标准号	标准名称	行业领域	实施日期	标准状态
GH/T 1430—2023	农民专业合作社信用信息数据元	供销合作	2024/3/1	现行
JRT 0280—2023	绿色债券信用评级指引	金融	2023/7/25	现行
DL/T 1384—2023	电力行业供应商信用评价指标体系分类及代码	电力	2023/11/26	现行
DL/T 1383—2023	电力行业供应商信用评价规范	电力	2023/11/26	现行
DL/T 1382—2023	涉电力领域市场主体信用评价指标体系分类及代码	电力	2023/11/26	现行
DL/T 1381—2023	涉电力领域市场主体信用评价规范	电力	2023/11/26	现行
LD/T 3002—2023	人力资源服务机构诚信评价规范	劳动和劳动安全	2024/1/1	现行
SB/T 11235—2023	人像摄影服务机构诚信评价规范	国内贸易	2023/9/1	现行
AQ/T 8012—2022	安全生产检测检验机构诚信建设规范	安全生产	2022/6/12	现行
SB/T 11230—2021	旧货经营商信用管理规范	国内贸易	2021/11/1	现行
SB/T 11227—2021	电子商务企业诚信档案评价规范	国内贸易	2021/5/1	现行
SB/T 11224—2021	家政服务信用档案建立基本要求	国内贸易	2021/5/1	现行
CH/T 9030—2019	统一社会信用代码地理空间数据基本要求	测绘	2020/2/1	现行

标准号	标准名称	行业领域	实施日期	标准状态
QX/T 506—2019	气候可行性论证规范机构信用评价	气象	2020/1/1	现行
SB/T 11216—2018	电子商务企业信用信息共享规范	国内贸易	2019/4/1	现行
DL/T 1834—2018	电力市场主体信用信息采集指南	电力	2018/7/1	现行
JT/T 1174—2017	公路水路建设与运输市场信用信息分类编码与格式	交通	2018/3/31	现行
SN/T 4908—2017	出入境检验检疫企业信用管理规范	出入境、检验检疫	2018/6/1	现行
QX/T 350—2016	气象信息服务企业信用评价指标及等级划分	气象	2017/5/1	现行
QX/T 318—2016	防雷装置检测机构信用评价规范	气象	2016/10/1	现行
SB/T 11158—2016	特许人信用评级标准	国内贸易	2017/5/1	现行
RB/T 187—2016	食品检验机构诚信管理体系通用要求	认证认可	2016/11/1	现行
SB/T 11114—2015	电视购物诚信服务体系评价指南	国内贸易	2015/9/1	现行
JR/T 0117—2014	征信机构信息安全规范	金融	2014/11/17	现行
JR/T 0115—2014	金融信用信息基础数据库用户管理规范	金融	2014/11/2	现行
DL/T 1381—2014	电力企业信用评价规范	电力	2014/1/1	现行
DL/T 1382—2014	电力企业信用评价指标体系分类及代码	电力	2014/1/1	现行
DL/T 1383—2014	电力行业供应商信用评价规范	电力	2014/1/1	现行
DL/T 1384—2014	电力行业供应商信用评价指标体系分类及代码	电力	2014/1/1	现行
SB/T 11096—2014	农产品批发市场信用评价规范	国内贸易	2015/3/1	现行
SB/T 11082—2014	单用途商业预付卡发卡企业信用评价标准	国内贸易	2015/3/1	现行
SL/T 691—2014	水利建设市场主体信用信息数据库表结构及标识符	水利	2014/10/2	现行
SB/T 11051—2013	电子商务信用评价指标体系 网络零售	国内贸易	2014/12/1	现行
SB/T 10973—2013	钢铁流通企业诚信体系建设与管理规范	国内贸易	2013/11/1	现行
SB/T 10907—2012	网店信用评估要素指南	国内贸易	2013/9/1	现行
SB/T 10822—2012	网络团购企业信用评价体系	国内贸易	2013/6/1	现行
SB/T 10764—2012	药品流通企业诚信经营准则	国内贸易	2012/12/1	现行

续表

标准号	标准名称	行业领域	实施日期	标准状态
JR/T 0070—2012	信用增进机构风险管理规范	金融	2012/8/21	现行
JR/T 0069—2012	信用增进机构业务规范	金融	2012/8/21	现行
QB/T 4111—2010	食品工业企业诚信管理体系（CMS）建立及实施通用要求	轻工	2010/10/1	现行
QB/T 4112—2010	食品工业企业诚信评价准则	轻工	2010/10/1	现行
JR/T 0039—2009	征信数据元 信用评级数据元	金融	2010/1/24	现行
JR/T 0042—2009	征信数据交换格式 信用评级违约率数据采集格式	金融	2010/1/24	现行
SN/T 2400—2009	进出口企业质量信用评价标准	出入境、检验检疫	2010/3/16	现行
SB/T 10444—2007	商贸企业信用管理技术规范	国内贸易	2008/5/1	现行

三、涉电力领域团体标准

标准号	标准名称	实施日期	标准状态
T/CEC 764—2023	售电公司信用评价规范	2023/11/21	现行
T/CEC 765—2023	电力行业征信信息平台数据接口技术规范	2023/11/21	现行
T/CEC 766—2023	电力物资供应链金融服务操作管理规范	2023/11/21	现行
T/CEC 576—2021	涉电力领域信用基本术语	2022/3/1	现行
T/CEC 577—2021	涉电力领域征信数据元技术规范	2022/3/1	现行
T/CEC 578—2021	涉电力领域市场主体信用信息共享规范	2022/3/1	现行
T/CEC 579—2021	电力用户信用评价规范	2022/3/1	现行
T/CEC 580—2021	涉电力领域信用信息安全管理规范	2022/3/1	现行
T/CEC 20213077	售电公司信用评价规范	2022/11/30	报批中
T/CEC 20213078	电力建设领域信用评价规范	2022/11/30	报批中
T/CEC 20213079	电力行业征信信息平台数据接口技术规范	2022/11/30	报批中
T/CEC 20213080	电力物资供应链金融服务操作管理规范	2022/11/30	报批中
T/CEC 20222064	涉电力领域市场主体失信行为认定规范	2022/10/31	在编
T/CEC 20222065	涉电力领域市场主体重点关注名单管理规范	2022/10/31	在编
T/CEC 20222066	涉电力领域失信主体信用修复管理规范	2022/10/31	在编
T/CEC 20222067	电力征信用电数据隐私计算应用技术规范	2022/10/31	在编

附录 4　信用电力指数指标模型

一级指标（3 个）	二级指标（16 个）	三级指标（48 个）	指标计算
守信能力（25）	集团公司股权结构（5）	管理层级（3）	管理层级指标 $= \sum_{i=1}^{n}(W_i * C_i) / \sum_{i=1}^{n} C_i$，该指标值存在最小值，分值随指标值增大而增大，按分布分值算法计算分值 $(2 \times ((1/(1+\exp(-a \times x + b)))) - 1) \times weight$。算法计算分值不小于设置最低分值时，最终分值为算法计算分值；算法计算分值小于设置最低分值时，最终分值为设置最低分值。其中，C_i 为每个层级的企业个数记；W_i 为层级，根据测评主体的下属企业层级划分不同权重，第一层权重 $W_1=0.5$，第二级 $W_2=0.8$，第三级 $W_3=1$，$W_4=0.9$，$W_5=0.81$，$W_6=W_5 \times 0.9$，$W_7=W_6 \times 0.9 \cdots$
		控制力度（2）	控制力度指标 $= \sum_{i=1}^{n} S_i / n$，该指标值不存在最小值，分值随指标值增大而增大，按分布分值算法计算分值 $(2 \times ((1/(1+\exp(-a \times x + b)))) - 1) \times weight$。算法计算分值不小于设置最低分值时，最终分值为算法计算分值；算法计算分值小于设置最低分值时，最终分值为设置最低分值。其中，S_i 为每个直属下级企业的持股比例计算得分；n 为直接下属企业数。持股比例以 1、2/3、1/2、1/3 为关键节点划分 4 个等级，区间分别是 [2/3，1]，（1/2，2/3]，[1/3，1/2]以及（0，1/3），对应分数为 1.0、2/3、1/3、0
	集团公司资本实力（15）	经营资本（7）	经营资本指标＝集团公司实缴资本及其所有下属企业的实缴资本总和，该指标值存在最小值，分值随指标值增大而增大，按分布分值算法计算分值 $(2 \times ((1/(1+\exp(-a \times x + b)))) - 1) \times weight$。算法计算分值不小于设置最低分值时，最终分值为算法计算分值；算法计算分值小于设置最低分值时，最终分值为设置最低分值
		投资规模（5）	投资规模指标＝集团公司所有下属企业的实缴资本×股权比例总和，分值随指标值增大而增大，该指标值存在最小值，按分布分值算法计算分值 $(2 \times ((1/(1+\exp(-a \times x + b)))) - 1) \times weight$。算法计算分值不小于设置最低分值时，最终分值为算法计算分值；算法计算分值小于设置最低分值时，最终分值为设置最低分值
		资本效率（3）	资本效率指标 $= C \div R$，分值随指标值增大而增大，该指标值存在最小值，按分布分值算法计算分值 $(2 \times ((1/(1+\exp(-a \times x + b)))) - 1) \times weight$。算法计算分值不小于设置最低分值时，最终分值为算法计算分值；算法计算分值小于设置最低分值时，最终分值为设置最低分值。其中，C 为测评主体可控制的企业注册资本总和，根据集团公司及其下属企业的控股情况，计算主体控股的所有一级企业的注册资本总和，累加一级控股企业再往下层层递归追溯的所有控股企业的注册资本总和得到 C；R 为集团公司对所有直接下属企业的实缴资本总和
	体系认证（2）	质量体系（0.5）	质量体系指标＝评价周期内企业有效质量体系认证数，分值随指标值增大而增大，该指标值存在最小值，按分布分值算法计算分值 $(2 \times ((1/(1+\exp(-a \times x + b)))) - 1) \times weight$。算法计算分值不小于设置最低分值时，最终分值为算法计算分值；算法计算分值小于设置最低分值时，最终分值为设置最低分值

一级指标（3个）	二级指标（16个）	三级指标（48个）	指标计算
守信能力（25）	体系认证（2）	环境体系（0.5）	环境体系指标＝评价周期内企业有效环境体系认证数，分值随指标值增大而增大，该指标值存在最小值，按分布分值算法计算分值($2\times((1/(1+\exp(-a\times x+b))))-1)\times$weight。算法计算分值不小于设置最低分值时，最终分值为算法计算分值；算法计算分值小于设置最低分值时，最终分值为设置最低分值
		安全体系（0.5）	安全体系指标＝评价周期内企业有效安全体系认证数，分值随指标值增大而增大，该指标值存在最小值，按分布分值算法计算分值($2\times((1/(1+\exp(-a\times x+b))))-1)\times$weight。算法计算分值不小于设置最低分值时，最终分值为算法计算分值；算法计算分值小于设置最低分值时，最终分值为设置最低分值
		能源管理体系（0.5）	能源管理体系指标＝评价周期内企业有效能源管理体系认证数，分值随指标值增大而增大，该指标值存在最小值，按分布分值算法计算分值($2\times((1/(1+\exp(-a\times x+b))))-1)\times$weight。算法计算分值不小于设置最低分值时，最终分值为算法计算分值；算法计算分值小于设置最低分值时，最终分值为设置最低分值
	技术创新（3）	知识产权（1）	知识产权指标＝$G_1\times40+G_2\times8+G_3\times2+G_4\times40+G_5\times0.5$，分值随指标值增大而增大，该指标值存在最小值，按分布分值算法计算分值($2\times((1/(1+\exp(-a\times x+b))))-1)\times$weight。算法计算分值不小于设置最低分值时，最终分值为算法计算分值；算法计算分值小于设置最低分值时，最终分值为设置最低分值。其中，获得发明专利数量为G_1、实用新型G_2、外观设计G_3、其他（数据中是发明）G_4，软件著作权G_5，权重分别为40、8、2、40、0.5
		荣誉奖项（2）	荣誉奖项指标＝($G_1\times5+G_2\times4+D_1\times3+D_2\times2+D_3\times1$)，分值随指标值增大而增大，该指标值存在最小值，按分布分值算法计算分值($2\times((1/(1+\exp(-a\times x+b))))-1)\times$weight。算法计算分值不小于设置最低分值时，最终分值为算法计算分值；算法计算分值小于设置最低分值时，最终分值为设置最低分值。其中获得国家科技进步奖一等奖数量为G_1、二等奖数量为G_2，权重分别为5、4，获得电力创新奖创新大奖数量为D_1、一等奖数量为D_2、二等奖数量为D_3，权重分别为3、2、1
守信表现（60）	司法守法（21）	失信被执行人（2）	失信被执行人指标＝被列入失信被执行人名单的企业总数÷集团所属企业总数，分值随指标值减小而增大，该指标值存在最小值，按分布分值算法计算分值($1-(2\times(1/(1+\exp(-a\times x+b)))-1))\times$weight
		限制高管消费（2）	限制高管消费指标＝发生限制高管消费情形的企业总数÷集团所属企业总数，分值随指标值减小而增大，该指标值存在最小值，按分布分值算法计算分值($1-(2\times(1/(1+\exp(-a\times x+b)))-1))\times$weight
		限制高管出境（2）	限制高管出境指标＝发生限制高管出境情形的企业总数÷集团所属企业总数，分值随指标值减小而增大，该指标值存在最小值，按分布分值算法计算分值($1-(2\times(1/(1+\exp(-a\times x+b)))-1))\times$weight
		强制执行信息（4）	强制执行信息指标＝发生强制执行情形的企业总数÷集团所属企业总数，分值随指标值减小而增大，该指标值存在最小值，按分布分值算法计算分值($1-(2\times(1/(1+\exp(-a\times x+b)))-1))\times$weight

一级指标（3 个）	二级指标（16 个）	三级指标（48 个）	指标计算
守信表现（60）	司法守法（21）	涉诉程度（3）	涉诉程度指标 $= \sum_{i=1}^{n} A_i \times R_i \div C$，分值随指标值减小而增大，该指标值存在最小值，按分布分值算法计算分值 $(1-(2 \times (1/(1+\exp(-a \times x + b)))-1)) \times \text{weight}$。其中，每个涉诉案件的主体身份确定身份权重 A，如对方原告为公诉机关且我方为被告，$A=3$；如我方为原告，$A=1$；如我方为被告（对方非公诉机关），$A=2$。根据判决结果确定结果分 R，我方胜诉 $R=0.01$，我方败诉 $R=1$，和解等中性判决 $R=0.1$。C 为涉诉主体公司实缴资本，n 为案件个数
		股权冻结（2）	股权冻结指标 = 发生股权冻结情形的企业总数 ÷ 集团所属企业总数，分值随指标值减小而增大，该指标值存在最小值，按分布分值算法计算分值 $(1-(2 \times (1/(1+\exp(-a \times x + b)))-1)) \times \text{weight}$
		严重违法（4）	严重违法指标 =Σ（集团所属企业严重违法条数÷各自成立月龄）÷集团所属企业总数，分值随指标值减小而增大，指标值存在最小值，按分布分值算法计算分值 $(1-(2 \times (1/(1+\exp(-a \times x + b)))-1)) \times \text{weight}$
		行政违法（2）	行政违法指标 =Σ（集团所属企业行政违法条数÷各自成立月龄）÷集团所属企业总数，分值随指标值减小而增大，该指标值存在最小值，按分布分值算法计算分值 $(1-(2 \times (1/(1+\exp(-a \times x + b)))-1)) \times \text{weight}$
	工商信用（14）	经营异常（3）	经营异常指标 =Σ（集团所属企业经营异常条数÷各自成立月龄）÷集团所属企业总数，分值随指标值减小而增大，该指标值存在最小值，按分布分值算法计算分值 $(1-(2 \times (1/(1+\exp(-a \times x + b)))-1)) \times \text{weight}$
		行政处罚（2）	行政处罚指标 =Σ（集团所属企业行政处罚条数÷各自成立月龄）÷集团下属企业总数，分值随指标值减小而增大，指标值存在最小值，按分布分值算法计算分值 $(1-(2 \times (1/(1+\exp(-a \times x + b)))-1)) \times \text{weight}$
		合同违约（3）	合同违约指标 =Σ（集团所属企业合同违约条数÷各自成立月龄）÷集团下属企业总数，分值随指标值减小而增大，该指标值存在最小值，按分布分值算法计算分值 $(1-(2 \times (1/(1+\exp(-a \times x + b)))-1)) \times \text{weight}$
		动产抵押（3）	动产抵押指标 =Σ（集团所属企业动产抵押条数÷各自成立月龄）÷集团下属企业总数，分值随指标值减小而增大，该指标值存在最小值，按分布分值算法计算分值 $(1-(2 \times (1/(1+\exp(-a \times x + b)))-1)) \times \text{weight}$
		股权出质（3）	股权出质指标 = 集团所属企业总股权出质比例÷集团所属企业总数，分值随指标值减小而增大，该指标值存在最小值，按分布分值算法计算分值 $(1-(2 \times (1/(1+\exp(-a \times x + b)))-1)) \times \text{weight}$
	行业信用（15）	能源安全生产黑名单（4）	能源安全生产黑名单指标 = 评价周期内列入能源安全黑名单企业总数÷集团所属企业数，分值随指标值减小而增大，该指标值存在最小值，按分布分值算法计算分值 $(1-(2 \times (1/(1+\exp(-a \times x + b)))-1)) \times \text{weight}$
		能源行政处罚（3）	能源行政处罚指标 = 评价周期内被列入能源行政处罚企业数÷集团所属企业总数，分值随指标值减小而增大，该指标值存在最小值，按分布分值算法计算分值 $(1-(2 \times (1/(1+\exp(-a \times x + b)))-1)) \times \text{weight}$

一级指标（3个）	二级指标（16个）	三级指标（48个）	指标计算
守信表现（60）	行业信用（15）	失信联合惩戒名单（4）	失信联合惩戒名单指标＝评价周期内被列入失信联合惩戒名单企业数÷集团所属企业总数，分值随指标值减小而增大，该指标值存在最小值，按分布分值算法计算分值$(1-(2\times(1/(1+\exp(-a\times x+b)))-1))\times$weight
		重点关注名单（4）	重点关注名单指标＝评价周期内被列入重点关注企业数÷集团所属企业总数，分值随指标值减小而增大，该指标值存在最小值，按分布分值算法计算分值$(1-(2\times(1/(1+\exp(-a\times x+b)))-1))\times$weight
	社会责任（4）	劳动争议（2）	劳动争议案件指标＝$\sum_{i=1}^{n}A_i\times R_i\div(E\times M)$，分值随指标值减小而增大，该指标值存在最小值，按分布分值算法计算分值$(1-(2\times(1/(1+\exp(-a\times x+b)))-1))\times$weight。其中，根据劳动争议案件的主体身份确定身份权重A，如对方原告为公诉机构或集体原告（3人以上）且我方为被告，$A=3$；如我方为原告，$A=1$；如我方为被告（对方非公诉机关），$A=2$。根据判决结果确定结果分R，我方胜诉$R=0.1$，我方败诉$R=1$，和解等中性判决$R=0.5$。E为主体职工人数，M为成立月龄，n为案件个数
		环境处罚（2）	环境处罚事件指标＝集团所属企业的环境处罚事件数÷集团所属企业数，分值随指标值减小而增大，该指标值存在最小值，按分布分值算法计算分值$(1-(2\times(1/(1+\exp(-a\times x+b)))-1))\times$weight
	税务遵从（6）	纳税信用（2）	纳税信用指标＝Σ（下属企业评为A级纳税信用等级的次数）÷集团所属企业总数，分值随指标值增大而增大，该指标值存在最小值，按分布分值算法计算分值$(2\times((1/(1+\exp(-a\times x+b))))-1)\times$weight。算法计算分值不小于设置最低分值时，最终分值为算法计算分值；算法计算分值小于设置最低分值时，最终分值为设置最低分值
		欠税信息（2）	欠税信息指标＝Σ（下属企业的欠税行为数量÷各自成立月龄）÷集团所属企业总数，分值随指标值减小而增大，该指标值存在最小值，按分布分值算法计算分值$(1-(2\times(1/(1+\exp(-a\times x+b)))-1))\times$weight
		税收违法（2）	税收违法指标＝Σ（下属企业的税收违法行为数量÷各自成立月龄）÷集团所属企业总数，分值随指标值减小而增大，该指标值存在最小值，按分布分值算法计算分值$(1-(2\times(1/(1+\exp(-a\times x+b)))-1))\times$weight
守信意愿（15）	信用评价（2.5）	信用承诺（0.5）	信用承诺指标＝20%×集团签署信用电力自律公约数＋80%×签署信用电力自律公约的下属企业数。指标分值随指标值增大而增大，该指标值存在最小值，按分布分值算法计算分值$(2\times((1/(1+\exp(-a\times x+b))))-1)\times$weight。算法计算分值不小于设置最低分值时，最终分值为算法计算分值；算法计算分值小于设置最低分值时，最终分值为设置最低分值
		行业信用评价参与度（1）	行业信用评价参与度指标＝评价周期内参与中电联、中电建协、电力规划协会信用评价的企业数（不重复计算）÷集团所属企业总数。指标分值随指标值增大而增大，该指标值存在最小值，按分布分值算法计算分值$(2\times((1/(1+\exp(-a\times x+b))))-1)\times$weight。算法计算分值不小于设置最低分值时，最终分值为算法计算分值；算法计算分值小于设置最低分值时，最终分值为设置最低分值

一级指标（3个）	二级指标（16个）	三级指标（48个）	指标计算
守信意愿（15）	信用评价（2.5）	企业信用等级（1）	信用等级指标 = $[D_1 \times 5 + D_2 \times 5 + D_3 \times 3 + D_4 \times 2 + D_5 \times 1]$，指标分值随指标值增大而增大，该指标值存在最小值，按分布分值算法计算分值($2 \times ((1/(1 + \exp(-a \times x + b)))) - 1) \times$weight。算法计算分值不小于设置最低分值时，最终分值为算法计算分值；算法计算分值小于设置最低分值时，最终分值为设置最低分值。其中，集团所属企业参与信用评价中获得 AAA+级企业数量为 D_1，权重为 5；AAA 级企业数量为 D_2，权重为 5；AAA－级企业数量为 D_3，权重为 3；AA（含 AA+、AA 和 AA－）级企业数量为 D_4权重为 2；A（含 A+、A 和 A－）级企业数量为 D_5权重为 1
	信用示范（2）	示范企业数量（2）	计算分值：可推荐 3 家，评上 3 家得 2 分；可推荐 3 家，评上 2 家得 1.75 分；可推荐 3 家，评上 1 家得 1.5 分；可推荐 2 家，评上 2 家得 2 分；可推荐 2 家，评上 1 家得 1.75 分；无示范企业的得基础分 0.5 分
	信用知识竞赛（4）	信用知识竞赛参与度（1）	信用竞赛参与度指标＝Σ（下属企业参与信用电力知识竞赛人数）。指标分值随指标值增大而增大，该指标值存在最小值，按分布分值算法计算分值($2 \times ((1/(1 + \exp(-a \times x + b)))) - 1) \times$weight。算法计算分值不小于设置最低分值时，最终分值为算法计算分值；算法计算分值小于设置最低分值时，最终分值为设置最低分值
		企业组织获奖情况（1）	企业组织获奖情况指标＝获优秀组织奖的集团及所属企业数。指标分值随指标值增大而增大，该指标值存在最小值，按分布分值算法计算分值($2 \times ((1/(1 + \exp(-a \times x + b)))) - 1) \times$weight。算法计算分值不小于设置最低分值时，最终分值为算法计算分值；算法计算分值小于设置最低分值时，最终分值为设置最低分值
		论文（案例）提交度（1）	信用论文（案例）提交度指标＝集团所属企业论文和案例提交数。指标分值随指标值增大而增大，该指标值存在最小值，按分布分值算法计算分值($2 \times ((1/(1 + \exp(-a \times x + b)))) - 1) \times$weight。算法计算分值不小于设置最低分值时，最终分值为算法计算分值；算法计算分值小于设置最低分值时，最终分值为设置最低分值
		论文（案例）获奖情况（1）	信用论文（案例）获奖情况指标＝集团所属企业优秀论文和案例获得数。指标分值随指标值增大而增大，该指标值存在最小值，按分布分值算法计算分值($2 \times ((1/(1 + \exp(-a \times x + b)))) - 1) \times$weight。算法计算分值不小于设置最低分值时，最终分值为算法计算分值；算法计算分值小于设置最低分值时，最终分值为设置最低分值
	信用结果应用（3）	电力征信公共信用报告应用（1）	电力征信公共信用报告应用指标＝有使用电力征信公共信用报告的企业数量。指标分值随指标值增大而增大，该指标值存在最小值，按分布分值算法计算分值($2 \times ((1/(1 + \exp(-a \times x + b)))) - 1) \times$weight。算法计算分值不小于设置最低分值时，最终分值为算法计算分值；算法计算分值小于设置最低分值时，最终分值为设置最低分值

一级指标 （3个）	二级指标 （16个）	三级指标 （48个）	指标计算
守信意愿（15）	信用结果应用（3）	行业信用评价结果应用（1）	行业信用评价结果应用指标＝有使用行业信用评价结果或电力征信公共信用综合评价结果的企业数。指标分值随指标值增大而增大，该指标值存在最小值，按分布分值算法计算分值$(2 \times ((1/(1+\exp(-a \times x+b)))) - 1) \times$ weight。算法计算分值不小于设置最低分值时，最终分值为算法计算分值；算法计算分值小于设置最低分值时，最终分值为设置最低分值
		重点关注名单应用（1）	计算分值：经统计有应用电力行业"重点关注名单"的被监测集团得0.8分，未统计到有应用"重点关注名单"的被监测集团得基础分0.2分
	教育培训（1）	教育培训人次（1）	信用教育培训指标＝集团及所属企业参与行业信用体系建设相关培训的人数。指标分值随指标值增大而增大，该指标值存在最小值，按分布分值算法计算分值$(2 \times ((1/(1+\exp(-a \times x+b)))) - 1) \times$ weight。算法计算分值不小于设置最低分值时，最终分值为算法计算分值；算法计算分值小于设置最低分值时，最终分值为设置最低分值
	信用信息管理（1.5）	信用信息归集数量（1）	信用信息归集数量指标＝集团信用信息上报数。指标分值随指标值增大而增大，该指标值存在最小值，按分布分值算法计算分值$(2 \times ((1/(1+\exp(-a \times x+b)))) - 1) \times$ weight。算法计算分值不小于设置最低分值时，最终分值为算法计算分值；算法计算分值小于设置最低分值时，最终分值为设置最低分值最低分值
		信用信息归集质量（0.5）	信用信息归集质量指标＝中电联认定的集团及所属企业报送有效信息数。指标分值随指标值增大而增大，该指标值存在最小值，按分布分值算法计算分值$(2 \times ((1/(1+\exp(-a \times x+b)))) - 1) \times$ weight。算法计算分值不小于设置最低分值时，最终分值为算法计算分值；算法计算分值小于设置最低分值时，最终分值为设置最低分值
	标准编制（1）	标准编制参与度（1）	计算分值：各被监测集团基础得分0.2分，每牵头制修订一项信用相关标准，加0.2分；每参与制修订一项信用相关标准，加0.1分，最高得1分

附录 5　信用电力指数监测集团企业名单

序号	企业名称	中电联会员单位
1	国家电网有限公司	是
2	中国南方电网有限责任公司	是
3	中国华能集团有限公司	是
4	中国大唐集团有限公司	是
5	中国华电集团有限公司	是
6	国家能源投资集团有限责任公司	是
7	国家电力投资集团有限公司	是
8	中国长江三峡集团有限公司	是
9	中国核工业集团有限公司	是
10	中国广核集团有限公司	是
11	中国电力建设集团有限公司	是
12	中国能源建设集团有限公司	是
13	广东省能源集团有限公司	是
14	浙江省能源集团有限公司	是
15	协鑫集团有限公司	是
16	内蒙古电力（集团）有限责任公司	是
17	中国安能建设集团有限公司	是
18	中国电气装备集团有限公司	是
19	哈尔滨电气集团有限公司	是
20	中国东方电气集团有限公司	是
21	中国中煤能源集团有限公司	是
22	上海电气集团股份有限公司	是
23	特变电工股份有限公司	是
24	正泰集团股份有限公司	是
25	北京能源集团有限责任公司	是
26	深圳能源集团股份有限公司	是
27	陕西煤业化工集团有限责任公司	是
28	亨通集团有限公司	是

序号	企业名称	中电联会员单位
29	黄河万家寨水利枢纽有限公司	是
30	江苏林洋能源股份有限公司	是
31	中国能源传媒集团有限公司	是
32	金风科技股份有限公司	是
33	中天科技集团有限公司	是
34	施耐德电气（中国）有限公司	是
35	比亚迪汽车工业有限公司	是
36	青岛鼎信通讯股份有限公司	是
37	华润电力投资有限公司	是
38	国投电力控股股份有限公司	是
39	河北建设投资集团有限责任公司	是
40	新力能源开发有限公司	是
41	陕西投资集团有限公司	是
42	陕西榆林能源集团有限公司	是
43	北京科力恒久电力技术股份有限公司	是
44	万帮数字能源股份有限公司	是
45	北京新能源汽车股份有限公司	是
46	万克能源科技有限公司	是
47	合肥国轩高科动力能源有限公司	是
48	北京人民电器厂有限公司	是
49	广州高澜节能技术股份有限公司	是
50	中农联控股有限公司	是
51	新奥（中国）燃气投资有限公司	是
52	隆基绿能科技股份有限公司	是
53	威胜信息技术股份有限公司	是
54	北京优利康达科技股份有限公司	是
55	中海石油气电集团有限责任公司	是
56	壳牌能源（中国）有限公司	是
57	三六零安全科技股份有限公司	是

序号	企业名称	中电联会员单位
58	北京华安保信息技术有限公司	是
59	巨邦集团有限公司	是
60	赛飞特工程技术集团有限公司	是
61	重庆望变电气（集团）股份有限公司	是
62	上海启源芯动力科技有限公司	是
63	北京小桔新能源汽车科技有限公司	是
64	上海捷能智电新能源科技有限公司	是
65	华为数字能源技术有限公司	是
66	3 M中国有限公司	是
67	ABB（中国）有限公司	是
68	EDF（中国）投资有限公司	是
69	阿里云计算有限公司	是
70	阿利昂斯汽车研发（上海）有限公司	是
71	爱换换能源有限公司	是
72	爱玛科技集团股份有限公司	是
73	安徽德诺科技股份公司	是
74	安徽国电能源设备工程有限公司	是
75	安徽凯民电力技术有限公司	是
76	安徽善源企业管理咨询有限公司	是
77	安徽索特电气设备集团有限公司	是
78	安徽宣城港口湾水力发电有限责任公司	是
79	安徽中科储能科技有限公司	是
80	奥动新能源汽车科技有限公司	是
81	百吉瑞（天津）新能源有限公司	是
82	百色新铝电力有限公司	是
83	宝胜科技创新股份有限公司	是
84	保定华创电气有限公司	是
85	保定烯暖新能源科技有限公司	是
86	保定阳光电力设备有限公司	是

序号	企业名称	中电联会员单位
87	保定中电创业科技有限公司	是
88	北京巴布科克·威尔科克斯有限公司	是
89	北京百炼智能科技有限公司	是
90	北京北变微电网技术有限公司	是
91	北京博纳电气股份有限公司	是
92	北京博奇电力科技有限公司	是
93	北京诚信能环科技有限公司	是
94	北京德普新源生态技术有限公司	是
95	北京动力源科技股份有限公司	是
96	北京方胜有成科技股份有限公司	是
97	北京广安科技有限公司	是
98	北京国电京网电力工程有限公司	是
99	北京国电智通节能环保科技有限公司	是
100	北京国力电气科技有限公司	是
101	北京汉能薄膜发电投资有限公司	是
102	北京和利时恒业科技有限公司	是
103	北京鸿普惠信息技术有限公司	是
104	北京华大保险公估有限公司	是
105	北京华电光大环境股份有限公司	是
106	北京华电云通电力技术有限公司	是
107	北京华能达电力技术应用有限责任公司	是
108	北京华清荣益地能科技开发有限公司	是
109	北京华商三优新能源科技有限公司	是
110	北京华腾盛和科技有限公司	是
111	北京华信科创科技有限公司	是
112	北京华宇通明电气设备有限公司	是
113	北京火龙升腾科技有限公司	是
114	北京佳华智联科技有限公司	是
115	北京金鸿泰科技有限公司	是

序号	企业名称	中电联会员单位
116	北京京能国际综合智慧能源有限公司	是
117	北京京能燕开综合能源服务有限公司	是
118	北京炬玄智能科技有限公司	是
119	北京凯瑞合源科技有限公司	是
120	北京蓝军网安科技发展有限责任公司	是
121	北京链宇科技有限责任公司	是
122	北京门思科技有限公司	是
123	北京凝思软件股份有限公司	是
124	北京牛电科技有限责任公司	是
125	北京欧倍尔软件技术开发有限公司	是
126	北京欧仕顿电器有限公司	是
127	北京启迪清洁能源科技有限公司	是
128	北京千尧新能源科技开发有限公司	是
129	北京青爱多科技有限公司	是
130	北京清能互联科技有限公司	是
131	北京清新环境技术股份有限公司	是
132	北京群菱能源科技有限公司	是
133	北京燃气能源发展有限公司	是
134	北京融合汇控科技有限公司	是
135	北京如实智慧电力科技有限公司	是
136	北京瑞科同创能源科技有限公司	是
137	北京瑞特爱能源科技股份有限公司	是
138	北京三快在线科技有限公司	是
139	北京世纪云安新能源有限公司	是
140	北京市海星晨电力工程有限公司	是
141	北京市华清地热开发集团有限公司	是
142	北京市卡姆福科技有限公司	是
143	北京双杰电气股份有限公司	是
144	北京四方继保自动化股份有限公司	是

序号	企业名称	中电联会员单位
145	北京泰豪电力科技有限公司	是
146	北京添瑞祥德计量科技有限公司	是
147	北京图知天下科技有限责任公司	是
148	北京未来科学城发展集团有限公司	是
149	北京协合运维风电技术有限公司	是
150	北京鑫泰能源股份有限公司	是
151	北京兴达智联科技有限公司	是
152	北京燕开新源科技有限公司	是
153	北京伊碳协创能源科技有限公司	是
154	北京易达图灵科技有限公司	是
155	北京志诚泰和信息技术有限公司	是
156	北京志与诚科技有限公司	是
157	北京智盟信通科技有限公司	是
158	北京智中能源互联网研究院有限公司	是
159	北京中安吉泰科技有限公司	是
160	北京中安质环技术评价中心有限公司	是
161	北京中电慧能国际电力科技有限公司	是
162	北京中电兴业技术开发有限公司	是
163	北京中飞艾维航空科技有限公司	是
164	北京中科利丰科技有限公司	是
165	北京中榕建工程造价咨询有限公司	是
166	北京众诚天麒科技有限公司	是
167	滨州粤水电能源有限公司	是
168	常熟开关制造有限公司（原常熟开关厂）	是
169	常州瑞赛环保科技有限公司	是
170	常州新兰陵电力辅助设备有限公司	是
171	常州新苑星电器有限公司	是
172	常州中能电力科技有限公司	是
173	琛源电力工程设计有限公司	是

序号	企业名称	中电联会员单位
174	成都鼎桥通信技术有限公司	是
175	成都锐思环保技术股份有限公司	是
176	赤峰暖捷新型建材有限责任公司	是
177	楚山（深圳）新能源科技有限公司	是
178	重庆德普电气有限公司	是
179	重庆海装风电工程技术有限公司	是
180	重庆万马电气有限公司	是
181	重庆渝能滤油机制造有限公司	是
182	大港油田集团电力公司	是
183	大来供应链管理（海南）有限公司	是
184	大连世有电力科技有限公司	是
185	大族激光智能装备集团有限公司	是
186	岱琦（青岛）电力智能装备科技有限公司	是
187	德勒科技有限公司	是
188	德斯拜思机电控制技术（上海）有限公司	是
189	德致商成集团有限公司	是
190	狄诺瓦（北京）电子设备有限公司	是
191	鼎阳智电慧服科技股份有限公司	是
192	东方电子股份有限公司	是
193	东方日升新能源股份有限公司	是
194	东莞新能安科技有限公司	是
195	东营科达电力工程有限公司	是
196	东营昆宇电源科技有限公司	是
197	度普（苏州）新能源科技有限公司	是
198	菲尼克斯（中国）投资有限公司	是
199	福建龙净环保股份有限公司	是
200	福建宁德智享无限科技有限公司	是
201	福建榕普电力工程有限公司	是
202	福建省沃晟电力建设有限公司	是

续表

序号	企业名称	中电联会员单位
203	福建永福电力设计股份有限公司	是
204	福建中电合创电力科技有限公司	是
205	抚顺电瓷制造有限公司	是
206	甘肃恒升电力建设（集团）有限公司	是
207	甘肃陇光新能源科技集团有限公司	是
208	甘肃省电力投资集团有限责任公司	是
209	甘肃中标能源环境集团有限公司	是
210	港华能源投资有限公司	是
211	工泰电器有限公司	是
212	广东艾博电力设计院（集团）有限公司	是
213	广东东汇电力有限公司	是
214	广东和发能源科技集团有限公司	是
215	广东鸿蓝智能科技有限公司	是
216	广东南方电力科学研究院有限公司	是
217	广东顺誉电力科技有限公司	是
218	广东中科电力科技有限公司	是
219	广联达科技股份有限公司	是
220	广西北海精一电力器材有限责任公司	是
221	广西国桂电气有限公司	是
222	广西能源集团有限公司	是
223	广西彤茂工程咨询有限公司	是
224	广西中久电力科技有限责任公司	是
225	广州贝龙环保产业科技股份有限公司	是
226	广州博创电力设计院有限公司	是
227	广州广哈通信股份有限公司	是
228	广州飒特红外股份有限公司	是
229	广州市佰威骏实业投资有限公司	是
230	广州市健安应急职业培训有限公司	是
231	广州亦云信息技术股份有限公司	是

序号	企业名称	中电联会员单位
232	广州长川科技有限公司	是
233	广州中软信息技术有限公司	是
234	贵州长通电气有限公司	是
235	国电华研电力科技有限公司	是
236	国能智慧科技发展（江苏）有限公司	是
237	国信国际工程咨询集团股份有限公司	是
238	海固科技（苏州）有限公司	是
239	海虹老人涂料（烟台）有限公司	是
240	海澜电力有限公司	是
241	汉锐工程有限公司	是
242	杭州佰盟智能开关有限公司	是
243	杭州电缆股份有限公司	是
244	杭州海康威视数字技术股份有限公司	是
245	杭州弘电服装实业有限公司	是
246	杭州华新机电工程有限公司	是
247	杭州金源泉信息技术有限公司	是
248	杭州炬华科技股份有限公司	是
249	杭州钱江电气集团股份有限公司	是
250	杭州青奇科技有限公司	是
251	杭州申昊科技股份有限公司	是
252	杭州休普电子技术有限公司	是
253	杭州宇谷科技股份有限公司	是
254	杭州源牌科技股份有限公司	是
255	豪顿华工程有限公司	是
256	合肥优晟电力科技有限公司	是
257	河北桓杰能源科技有限公司	是
258	河北佳成能源科技发展有限公司	是
259	河北建研节能设备有限公司	是
260	河北朴能环保科技有限公司	是

序号	企业名称	中电联会员单位
261	河北施展智能制造有限公司	是
262	河北通宇集能科技有限公司	是
263	河北信志电力设备制造有限公司	是
264	河北煜堃能源科技集团有限公司	是
265	河南诚一能源技术服务有限公司	是
266	河南丰博自动化有限公司	是
267	河南宏博测控技术有限公司	是
268	河南蓝海节能技术服务有限公司	是
269	河南森源电气股份有限公司	是
270	河南省同信电力工程有限公司	是
271	河南四达电力设备股份有限公司	是
272	河南豫能可再生能源开发有限公司	是
273	赫普能源环境科技股份有限公司	是
274	黑龙江省力源送变电工程有限公司	是
275	衡阳瑞达电源有限公司	是
276	弘奎（西安）智能科技有限公司	是
277	弘乐集团有限公司	是
278	红光电气集团有限公司	是
279	红旗电力建设股份有限公司	是
280	湖北国网华中科技开发有限责任公司	是
281	湖北皓华智慧能源有限公司	是
282	湖北巨能互联售电有限公司	是
283	湖北拓普电力有限公司	是
284	湖北旭达电力科技有限公司	是
285	湖南昌迪环境科技有限公司	是
286	湖南京能新能源科技有限公司	是
287	华晨电力股份公司	是
288	华诚博远工程技术集团有限公司	是
289	华驰动能（北京）科技有限公司	是

中国电力行业信用体系建设年度发展报告 2024

序号	企业名称	中电联会员单位
290	华锐风电科技（集团）股份有限公司	是
291	华数（厦门）信息有限公司	是
292	华翔翔能科技股份有限公司	是
293	华耀智能电子（深圳）有限公司	是
294	火炬电气集团有限公司	是
295	积成电子股份有限公司	是
296	吉林东电能源发展有限公司	是
297	吉林省中暖新能源有限公司	是
298	佶缔纳士机械有限公司	是
299	济南能源集团有限公司	是
300	济南英华自动化技术有限公司	是
301	绩溪县龙源电力工程有限公司	是
302	嘉峪关宏晟电热有限责任公司	是
303	建华建材投资有限公司	是
304	建业电缆集团有限公司	是
305	江苏超越新能源科技集团股份有限公司	是
306	江苏磁谷科技股份有限公司	是
307	江苏多益能源科技有限公司	是
308	江苏峰业环境科技集团股份有限公司	是
309	江苏华石电子科技有限公司	是
310	江苏捷凯电力器材有限公司	是
311	江苏京源环保股份有限公司	是
312	江苏联宏智慧能源股份有限公司	是
313	江苏懋略科技有限公司	是
314	江苏能必达新能源科技有限公司	是
315	江苏赛德电气有限公司	是
316	江苏省国信集团有限公司	是
317	江苏省能源投资有限公司	是
318	江苏胜太电力系统有限公司	是

续表

序号	企业名称	中电联会员单位
319	江苏双良冷却系统有限公司	是
320	江苏天南电力股份有限公司	是
321	江苏翔宇电力装备制造有限公司	是
322	江苏新世纪江南环保股份有限公司	是
323	江苏新鑫物业管理有限公司	是
324	江苏鑫晨光热技术有限公司	是
325	江苏徐矿综合利用发电有限公司	是
326	江苏云杉清洁能源投资控股有限公司	是
327	江苏中利集团股份有限公司	是
328	江西百新电瓷电气有限公司	是
329	江西博微新技术有限公司	是
330	江西和惠配售电有限公司	是
331	江西驴充充充电技术有限公司	是
332	金开新能科技有限公司	是
333	金麒麟新能源股份有限公司	是
334	晶澳太阳能科技股份有限公司	是
335	九州能源有限公司	是
336	开迈斯新能源科技有限公司	是
337	开能智慧能源有限公司	是
338	凯特克集团有限公司	是
339	凯途摩托（上海）有限公司	是
340	科大智能电气技术有限公司	是
341	科华数据股份有限公司	是
342	昆明宇恬科技工程有限公司	是
343	来也科技（北京）有限公司	是
344	蓝谷智慧（北京）能源科技有限公司	是
345	浪潮数字（山东）科技有限公司	是
346	乐山电力股份有限公司	是
347	磊码电子科技（上海）有限公司	是

序号	企业名称	中电联会员单位
348	醴陵华鑫电瓷科技股份有限公司	是
349	联动天翼新能源有限公司	是
350	辽宁金佰瑞电力科技发展有限公司	是
351	辽宁输变电工程建设有限公司	是
352	辽宁拓新电力电子有限公司	是
353	辽宁通用电缆有限公司	是
354	路孚特信息服务（中国）有限公司	是
355	罗克佳华科技集团股份有限公司	是
356	洛阳中懋环保设备有限公司	是
357	绿能慧充数字技术有限公司	是
358	美林数据技术股份有限公司	是
359	明阳智慧能源集团股份公司	是
360	南京安充智能科技有限公司	是
361	南京常荣声学股份有限公司	是
362	南京江行联加智能科技有限公司	是
363	南京绿新能源研究院有限公司	是
364	南京能瑞自动化设备股份有限公司	是
365	南京磐能电力科技股份有限公司	是
366	南京千智电气科技有限公司	是
367	南京天溯自动化控制系统有限公司	是
368	南京易能辰信科技有限公司	是
369	南京再造科技有限公司	是
370	南阳川光电力科技有限公司	是
371	内蒙古浩普电力检修有限责任公司	是
372	内蒙古能源集团有限公司	是
373	嫩江尼尔基水利水电有限责任公司	是
374	宁波东方电缆股份有限公司	是
375	宁波华翔东方电力机具有限公司	是
376	宁波均胜群英智能技术有限公司	是

序号	企业名称	中电联会员单位
377	宁德时代新能源科技股份有限公司	是
378	宁夏百川电力股份有限公司	是
379	宁夏电力投资集团有限公司	是
380	宁夏隆基宁光仪表股份有限公司	是
381	宁夏能环宝绿色能源科技有限公司	是
382	宁夏中科嘉业新能源研究院（有限公司）	是
383	诺斯曼能源科技（北京）股份有限公司	是
384	彭博资讯（北京）有限公司	是
385	普天信息技术有限公司	是
386	齐丰科技股份有限公司	是
387	青岛达能环保设备股份有限公司	是
388	青岛海汇德电气有限公司	是
389	青岛华烁高科新能源技术有限公司	是
390	青岛雷克石电力科技有限公司	是
391	青岛益和电气集团股份有限公司	是
392	青岛云路先进材料技术股份有限公司	是
393	清华四川能源互联网研究院	是
394	人民电器集团有限公司	是
395	日立能源（中国）有限公司	是
396	软通动力技术服务有限公司	是
397	润建股份有限公司	是
398	赛富电力集团股份有限公司	是
399	三门峡黄河明珠（集团）有限公司	是
400	三一重工股份有限公司	是
401	三一重能股份有限公司	是
402	厦门海辰储能科技股份有限公司	是
403	厦门象屿矿业有限公司	是
404	厦门中创环保科技股份有限公司	是
405	山东奥特智能科技有限公司	是

序号	企业名称	中电联会员单位
406	山东得象电器科技有限公司	是
407	山东德源电力科技股份有限公司	是
408	山东功腾电力工程有限公司	是
409	山东恒涛节能环保有限公司	是
410	山东科华电力技术有限公司	是
411	山东联行智能科技有限公司	是
412	山东能源谷综合能源服务有限公司	是
413	山东能源集团有限公司	是
414	山东锐翊电力工程有限公司	是
415	山东瑞能电气集团股份有限公司	是
416	山东山大电力技术股份有限公司	是
417	山东特瑞电力器材有限公司	是
418	山东新北洋信息技术股份有限公司	是
419	山东中瑞新能源科技有限公司	是
420	山东中实易通集团有限公司	是
421	山河智能特种装备有限公司	是
422	山西臣功新能源科技有限公司	是
423	山西迪森能源科技有限公司	是
424	陕西新元洁能有限公司	是
425	上海采日能源科技有限公司	是
426	上海冲佳电力工程安装有限公司	是
427	上海迪夫格环境科技有限公司	是
428	上海电器设备检测所有限公司	是
429	上海海灵电力科技有限公司	是
430	上海九洲信息技术有限公司	是
431	上海玖行能源科技有限公司	是
432	上海聚信海聚新能源科技有限公司	是
433	上海朗达电缆（集团）有限公司	是
434	上海联联睿科能源科技有限公司	是

序号	企业名称	中电联会员单位
435	上海玫克生储能科技有限公司	是
436	上海煤炭交易所有限公司	是
437	上海施顺电气科技有限公司	是
438	上海蔚来汽车有限公司	是
439	上海新益电力线路器材有限公司	是
440	上海英格尔认证有限公司	是
441	上海智租物联科技有限公司	是
442	深蓝汽车科技有限公司	是
443	深圳国创名厨商用设备制造有限公司	是
444	深圳国金电力新能设计院有限公司	是
445	深圳华建综合能源技术有限公司	是
446	深圳金正方科技股份有限公司	是
447	深圳科士达科技股份有限公司	是
448	深圳猛犸出行科技有限公司	是
449	深圳南港动力工程有限公司	是
450	深圳乔合里科技股份有限公司	是
451	深圳融安网络科技有限公司	是
452	深圳市艾比森光电股份有限公司	是
453	深圳市安泰科清洁能源股份有限公司	是
454	深圳市北电仪表有限公司	是
455	深圳市和远咨询有限公司	是
456	深圳市汇业达通信技术有限公司	是
457	深圳市科华恒盛科技有限公司	是
458	深圳市科陆电子科技股份有限公司	是
459	深圳市乐惠光电科技有限公司	是
460	深圳市赛特新能科技有限公司	是
461	深圳市盛弘电气股份有限公司	是
462	深圳市斯康达电子有限公司	是
463	深圳市速易宝智能科技有限公司	是

序号	企业名称	中电联会员单位
464	深圳市永联科技股份有限公司	是
465	深圳市优优绿能股份有限公司	是
466	深圳市中电电力技术股份有限公司	是
467	深圳拓邦股份有限公司	是
468	深圳威蜂数字能源有限公司	是
469	深圳易马达科技有限公司	是
470	深圳友讯达科技股份有限公司	是
471	沈鼓集团股份有限公司	是
472	沈阳奇辉机器人应用技术有限公司	是
473	沈阳市曙光网业有限公司	是
474	盛隆电气集团有限公司	是
475	石家庄通合电子科技股份有限公司	是
476	水木源华电气有限公司	是
477	四川青阳电力设备有限公司	是
478	四川省明远电力集团有限公司	是
479	四川西蜀电力金具集团有限公司	是
480	四川阳辰信通科技有限公司	是
481	苏州爱科赛博电源技术有限责任公司	是
482	苏州电器科学研究院股份有限公司	是
483	苏州汇川技术有限公司	是
484	苏州混凝土水泥制品研究院检测中心有限公司	是
485	苏州中方财团控股股份有限公司	是
486	太仓港协鑫发电有限公司	是
487	泰安方能售电有限公司	是
488	泰斗数字科技有限公司	是
489	泰豪软件股份有限公司	是
490	特斯拉汽车（北京）有限公司	是
491	特斯联科技集团有限公司	是
492	腾讯云计算（北京）有限责任公司	是

序号	企业名称	中电联会员单位
493	藤仓（中国）有限公司	是
494	天合光能股份有限公司	是
495	天津北清电力智慧能源有限公司	是
496	天津东甲电力工程科技有限公司	是
497	天津海能电力建设有限公司	是
498	天津津通华电气集团有限公司	是
499	天津云圣智能科技有限责任公司	是
500	天勤科技有限公司	是
501	天顺风能（苏州）股份有限公司	是
502	通鼎互联信息股份有限公司	是
503	通威股份有限公司	是
504	同方人工环境有限公司	是
505	瞳见科技有限公司	是
506	万物新能（深圳）科技有限公司	是
507	万协电力科技有限公司	是
508	威特龙消防安全集团股份公司	是
509	维多（中国）能源有限公司	是
510	温州市龙湾永强供电公司	是
511	温州智点信息科技有限公司	是
512	文思海辉智科科技有限公司	是
513	无锡市华源电站除灰设备有限公司	是
514	武汉高德红外股份有限公司	是
515	武汉光谷环保科技股份有限公司	是
516	武汉路特斯科技有限公司	是
517	武汉特高压电力科技有限公司	是
518	武汉物易云通网络科技有限公司	是
519	武汉伊莱维特电力科技有限公司	是
520	武汉亿纬储能有限公司	是
521	西安格睿能源动力科技有限公司	是

续表

序号	企业名称	中电联会员单位
522	西安和智方企业管理咨询有限公司	是
523	西安图迹信息科技有限公司	是
524	西安星源博锐新能源技术有限公司	是
525	西藏华东水电设备成套有限公司	是
526	西门子能源有限公司	是
527	西域智慧供应链（上海）股份公司	是
528	喜利得（中国）商贸有限公司	是
529	先控捷联电气股份有限公司	是
530	咸亨国际科技股份有限公司	是
531	湘能楚天电力科技有限公司	是
532	小米汽车科技有限公司	是
533	新疆丝路六合科技股份有限公司	是
534	新能动力（北京）电气科技有限公司	是
535	信承瑞技术有限公司	是
536	星恒电源股份有限公司	是
537	雅迪科技集团有限公司	是
538	亚信科技（中国）有限公司	是
539	烟台海颐软件股份有限公司	是
540	盐城市国能投资有限公司	是
541	燕河能源技术（北京）股份有限公司	是
542	扬州大恒电气科技有限公司	是
543	阳光电源股份有限公司	是
544	易科智控科技（北京）有限公司	是
545	易事特集团股份有限公司	是
546	易源融智（北京）科技有限公司	是
547	用友网络科技股份有限公司	是
548	宇超电力股份有限公司	是
549	远东电缆有限公司	是
550	云南耀联电力工程有限公司	是

序号	企业名称	中电联会员单位
551	长城汽车股份有限公司	是
552	长沙晟丰电杆制造有限公司	是
553	长沙迪沃机械科技有限公司	是
554	长扬科技（北京）股份有限公司	是
555	浙江大华技术股份有限公司	是
556	浙江德创环保科技股份有限公司	是
557	浙江菲达环保科技股份有限公司	是
558	浙江杭钻机械制造股份有限公司	是
559	浙江浩瀚能源科技有限公司	是
560	浙江吉智新能源汽车科技有限公司	是
561	浙江金羽新能源科技有限公司	是
562	浙江康格电气有限公司	是
563	浙江科易电气有限公司	是
564	浙江可胜技术股份有限公司	是
565	浙江南腾电气有限公司	是
566	浙江西屋电气股份有限公司	是
567	浙江讯飞智能科技有限公司	是
568	浙江永贵电器股份有限公司	是
569	浙江云谷数据有限公司	是
570	浙江运达风电股份有限公司	是
571	正耐电气股份有限公司	是
572	郑州问鼎电力设计有限公司	是
573	郑州中铁安全技术有限责任公司	是
574	智方设计股份有限公司	是
575	中车株洲电力机车研究所有限公司	是
576	中创新航科技集团股份有限公司	是
577	中电（福建）电力开发有限公司	是
578	中电华创电力技术研究有限公司	是
579	中国航空工业新能源投资有限公司	是

序号	企业名称	中电联会员单位
580	中国铝业股份有限公司	是
581	中国绿发投资集团有限公司	是
582	中国石油集团电能有限公司	是
583	中国水利水电科学研究院	是
584	中国天楹股份有限公司	是
585	中国铁塔股份有限公司	是
586	中国通信服务股份有限公司	是
587	中航光电科技股份有限公司	是
588	中和能（浙江）科技有限公司	是
589	中惠地热股份有限公司	是
590	中建电力建设有限公司	是
591	中建中环生态环保科技有限公司	是
592	中竞同创能源环境科技集团股份有限公司	是
593	中能国宏（北京）新能源有限公司	是
594	中能联合（北京）综合能源服务有限公司	是
595	中认国创检测技术（江苏）有限公司	是
596	中商售电集团有限公司	是
597	中铁电气工业有限公司	是
598	中网联合（北京）能源服务有限公司	是
599	中移（上海）信息通信科技有限公司	是
600	中钰招标有限公司	是
601	宙晖（北京）新能源科技有限公司	是
602	珠高电气检测有限公司	是
603	珠海冠宇电池股份有限公司	是
604	珠海一多监测科技有限公司	是
605	珠海优特电力科技股份有限公司	是
606	安徽省能源集团有限公司	否
607	重庆市能源投资集团有限公司	否
608	茌平国能热电有限公司	否

序号	企业名称	中电联会员单位
609	福建省能源石化集团有限责任公司	否
610	福建省投资开发集团有限责任公司	否
611	甘肃能源化工投资集团有限公司	否
612	广西百色能源投资发展集团有限公司	否
613	广西百色银海发电有限公司	否
614	广西水利电业集团有限公司	否
615	广州发展集团股份有限公司	否
616	贵州乌江能源集团有限责任公司	否
617	国弘（北京）能源有限公司	否
618	汉江水利水电（集团）有限责任公司	否
619	杭州中恒电气股份有限公司	否
620	河南能源集团有限公司	否
621	河南投资集团有限公司	否
622	湖南郴电国际发展股份有限公司	否
623	湖南省港航水利集团有限公司	否
624	华源电力有限公司	否
625	淮河能源控股集团有限责任公司	否
626	吉林省地方水电集团有限公司	否
627	吉林省能源投资集团有限责任公司	否
628	江西赣能股份有限公司	否
629	晋能控股集团有限公司	否
630	辽宁能源投资（集团）有限责任公司	否
631	鲁能集团有限公司	否
632	南山集团有限公司	否
633	内蒙古源源能源集团有限责任公司	否
634	宁夏嘉泽新能源股份有限公司	否
635	青岛城投新能源投资有限公司	否
636	青岛特锐德电气股份有限公司	否
637	青岛天能重工股份有限公司	否

序号	企业名称	中电联会员单位
638	青海能源投资集团有限责任公司	否
639	青海省投资集团有限公司	否
640	山东发展投资控股集团有限公司	否
641	山东魏桥铝电有限公司	否
642	山西国际能源集团有限公司	否
643	山西焦煤集团有限责任公司	否
644	申能（集团）有限公司	否
645	水发能源集团有限公司	否
646	四川省能源投资集团有限责任公司	否
647	天津能源投资集团有限公司	否
648	新疆能源（集团）有限责任公司	否
649	新疆生产建设兵团电力集团有限责任公司	否
650	新疆新能源（集团）有限责任公司	否
651	信发集团有限公司	否
652	阳光凯迪新能源集团有限公司	否
653	永泰能源集团股份有限公司	否
654	云南保山电力股份有限公司	否
655	云南省能源投资集团有限公司	否
656	长园科技集团股份有限公司	否
657	中国节能环保集团有限公司	否

附录6　2023年电力行业信用体系建设实践创新企业名单

序号	企业名称	推荐集团/协会
1	许继电气股份有限公司	中国电气装备集团有限公司
2	广西电网有限责任公司	中国南方电网有限责任公司
3	中国电建集团湖北工程有限公司	中国电力建设集团有限公司
4	德京集团有限公司	福建省电力企业协会
5	中国电建集团中南勘测设计研究院有限公司	中国电力建设集团有限公司
6	华电云南发电有限公司	中国华电集团有限公司
7	长江三峡集团福建能源投资有限公司	中国长江三峡集团有限公司
8	中国华电集团有限公司四川分公司	中国华电集团有限公司
9	国电电力发展股份有限公司	国家能源投资集团有限责任公司
10	广东电网有限责任公司	中国南方电网有限责任公司
11	中国水利水电第五工程局有限公司	中国电力建设集团有限公司
12	国能神皖马鞍山发电有限责任公司	国家能源投资集团有限责任公司
13	深圳供电局有限公司	中国南方电网有限责任公司
14	国网福建省电力有限公司	国家电网有限公司
15	上海勘测设计研究院有限公司	中国长江三峡集团有限公司
16	中国能源建设集团天津电力建设有限公司	中国能源建设集团有限公司
17	中国葛洲坝集团电力有限责任公司	中国能源建设集团有限公司
18	内蒙古国华准格尔发电有限责任公司	内蒙古自治区电力行业协会
19	河南平高电气股份有限公司	中国电气装备集团有限公司
20	国能浙江北仑第一发电有限公司	国家能源投资集团有限责任公司
21	山西华仁通电力科技股份有限公司	山西省电力行业协会
22	国能南宁发电有限公司	广西电力行业协会
23	重庆大唐国际彭水水电开发有限公司	中国大唐集团有限公司
24	公诚管理咨询有限公司	广东省能源协会
25	中国电力工程顾问集团西南电力设计院有限公司	中国能源建设集团有限公司
26	长江三峡技术经济发展有限公司	中国长江三峡集团有限公司
27	内蒙古电力（集团）有限责任公司乌海供电分公司	内蒙古电力（集团）有限责任公司
28	大唐南京环保科技有限责任公司	中国大唐集团有限公司

序号	企业名称	推荐集团/协会
29	北京京桥热电有限责任公司	北京能源集团有限责任公司
30	华电内蒙古能源有限公司	中国华电集团有限公司
31	内蒙古电力（集团）有限责任公司乌兰察布供电分公司	内蒙古电力（集团）有限责任公司
32	中国广核新能源控股有限公司	中国广核集团有限公司
33	安徽新城电力工程建设有限公司	安徽省电力协会
34	福建宁德核电有限公司	中国广核集团有限公司
35	湖南湘江电力建设集团有限公司	湖南省电力工程企业协会
36	中国华能集团有限公司重庆分公司	重庆市电力行业协会
37	华能南京金陵发电有限公司	江苏省电力行业协会
38	国网上海市电力公司浦东供电公司	国家电网有限公司
39	国核电力规划设计研究院有限公司	国家电力投资集团有限公司
40	国网山东省电力公司滨州供电公司	山东省电力行业协会
41	浙江大有实业有限公司	浙江省电力行业协会
42	大唐云南能源营销有限公司	中国大唐集团有限公司
43	华能大庆热电有限公司	中国华能集团有限公司
44	北京京能电力股份有限公司	北京能源集团有限责任公司
45	福建福清核电有限公司	中国核工业集团有限公司
46	内蒙古电力（集团）有限责任公司包头供电分公司	内蒙古电力（集团）有限责任公司
47	浙江省电力建设有限公司	浙江省能源集团有限公司
48	国网辽宁省电力有限公司葫芦岛供电公司	国家电网有限公司
49	中核汇能有限公司	中国核工业集团有限公司
50	云南电力试验研究院（集团）有限公司	云南省电力行业协会
51	浙江浙能乐清发电有限责任公司	浙江省能源集团有限公司
52	广东粤电枫树坝发电有限责任公司	广东省能源集团有限公司
53	中国西电电气股份有限公司	中国电气装备集团有限公司
54	华能新能源股份有限公司蒙西分公司	中国华能集团有限公司
55	国核示范电站有限责任公司	国家电力投资集团有限公司
56	浙江浙能富兴燃料有限公司	浙江省能源集团有限公司
57	深能合和电力（河源）有限公司	深圳能源集团股份有限公司

附录7　2023年电力行业信用评价企业名单

一、发电企业

序号	受评企业	信用等级
1	国能陈家港发电有限公司	AAA
2	国能常州发电有限公司	AAA
3	华能黑龙江发电有限公司新能源分公司	AAA
4	中国华能集团有限公司重庆分公司	AAA
5	华能定边新能源发电有限公司	AAA
6	湖北华电江陵发电有限公司	AAA
7	三峡新能源淮南光伏发电有限公司	AAA
8	国能河北沧东发电有限责任公司	AAA
9	华电四川发电有限公司宝珠寺水力发电厂	AAA
10	国家能源集团海南电力有限公司	AAA
11	国华能源投资有限公司	AAA
12	国能国华（北京）燃气热电有限公司	AAA
13	中国华电集团有限公司河北分公司	AAA
14	国家能源集团泰州发电有限公司	AAA
15	内蒙古京泰发电有限责任公司	AAA
16	四川华能宝兴河水电有限责任公司	AAA
17	四川华能嘉陵江水电有限责任公司	AAA
18	四川华能太平驿水电有限责任公司	AAA
19	阿坝水电开发有限公司	AAA
20	国能河北龙山发电有限责任公司	AAA
21	国能四川电力股份有限公司	AAA
22	四川华能涪江水电有限责任公司	AAA
23	华能明台电力有限责任公司	AAA
24	安徽梅山水电有限公司	AAA
25	国电电力邯郸东郊热电有限责任公司	AAA
26	国能河北定州发电有限责任公司	AAA

续表

序号	受评企业	信用等级
27	四川广安发电有限责任公司	AAA
28	华电四川发电有限公司瓦屋山分公司	AAA
29	华电四川发电有限公司内江发电厂	AAA
30	四川华电泸定水电有限公司	AAA
31	国能吉林龙华热电股份有限公司长春热电一厂	AAA
32	国能吉林龙华热电股份有限公司白城热电厂	AAA
33	国能吉林江南热电有限公司	AAA
34	国家能源集团浙江电力有限公司	AAA
35	国能神福（石狮）发电有限公司	AAA
36	国能神福（龙岩）发电有限公司	AAA
37	国能（连江）港电有限公司	AAA
38	国能神福（晋江）热电有限公司	AAA
39	中国华电集团有限公司天津分公司	AAA
40	华电陕西能源有限公司	AAA
41	通辽霍林河坑口发电有限责任公司	AAA
42	华润新能源（明光）风能有限公司	AAA
43	国家能源集团吉林电力有限公司	AAA
44	四川盐源华电新能源有限公司	AAA
45	国电电力宁夏新能源开发有限公司	AAA
46	陕西华电新能源发电有限公司	AAA
47	陕西华电榆阳新能源有限公司	AAA
48	晋能控股山西电力股份有限公司侯马热电分公司	AAA
49	山西瑞光热电有限责任公司	AAA
50	华能国际电力股份有限公司济宁电厂	AAA
51	国能山西河曲发电有限公司	AAA
52	华电莱州发电有限公司	AAA
53	华能国际电力股份有限公司日照电厂	AAA
54	华能左权煤电有限责任公司	AAA
55	山西阳光发电有限责任公司	AAA

序号	受评企业	信用等级
56	安徽华电芜湖发电有限公司	AAA
57	中国电力国际发展有限公司	AAA
58	龙源电力集团股份有限公司	AAA
59	中国长江电力股份有限公司	AAA
60	大唐国际发电股份有限公司	AAA
61	北京京桥热电有限责任公司	AAA
62	华能海南发电股份有限公司东方电厂	AAA
63	华能海南发电股份有限公司	AAA
64	海南海控能源股份有限公司	AAA
65	国家能源集团江苏电力有限公司	AAA
66	国家能源集团谏壁发电厂	AAA
67	国能江苏谏壁发电有限公司	AAA
68	广东国华粤电台山发电有限公司	AAA
69	国能浙江北仑第一发电有限公司	AAA
70	国能浙江北仑第三发电有限公司	AAA
71	国能河北衡丰发电有限责任公司	AAA
72	陕煤电力运城有限公司	AAA
73	国家能源集团山西电力有限公司霍州发电厂	AAA
74	国家电投集团黄河上游水电开发有限责任公司	AAA
75	国能神皖安庆发电有限责任公司	AAA
76	国能神皖能源有限责任公司	AAA
77	国能神皖池州发电有限责任公司	AAA
78	上海电力股份有限公司	AAA
79	华能澜沧江水电股份有限公司	AAA
80	青岛环境再生能源有限公司	AAA
81	甘肃电投九甸峡水电开发有限责任公司	AAA
82	贵州大方发电有限公司	AAA
83	福建仙游抽水蓄能有限公司	AAA
84	华能吉林发电有限公司长春热电厂	AAA

序号	受评企业	信用等级
85	龙源（农安）风力发电有限公司	AAA
86	吉林龙源新能源有限公司	AAA
87	吉林龙源风力发电有限公司	AAA
88	陕西华电榆横煤电有限责任公司榆横发电厂	AAA
89	国能陕西水电有限公司	AAA
90	国能双辽发电有限公司	AAA
91	国能（天津）大港发电厂有限公司	AAA
92	华电章丘发电有限公司	AAA
93	华能贵州清洁能源有限公司	AAA
94	国家能源集团重庆电力有限公司	AAA
95	石家庄华电供热集团有限公司	AAA
96	河北华电冀北新能源有限公司	AAA
97	国能陕西新能源发电有限公司	AAA
98	国家能源集团陕西电力有限公司	AAA
99	国能龙华延吉热电有限公司	AAA
100	国能内蒙古电力蒙西新能源有限公司	AAA
101	河北华电石家庄热电有限公司	AAA
102	华能罗源发电有限责任公司	AAA
103	福建棉花滩水电开发有限公司	AAA
104	华电新疆发电有限公司	AAA
105	华电河南新能源发电有限公司	AAA
106	华电渠东发电有限公司	AAA
107	河北华电石家庄鹿华热电有限公司	AAA
108	河北华电混合蓄能水电有限公司	AAA
109	河北华电石家庄裕华热电有限公司	AAA
110	国家能源集团辽宁电力有限公司	AAA
111	中国华电集团有限公司宁夏分公司	AAA
112	华能济南黄台发电有限公司	AAA
113	华电国际电力股份有限公司邹县发电厂	AAA

序号	受评企业	信用等级
114	华电邹县发电有限公司	AAA
115	华能临沂发电有限公司	AAA
116	国能亿利能源有限责任公司电厂	AAA
117	山西临汾热电有限公司	AAA
118	国能浙江南浔天然气热电有限公司	AAA
119	华电龙口发电有限公司	AAA
120	国能神皖合肥发电有限责任公司	AAA
121	国家电投集团贵州金元股份有限公司	AAA
122	华能新能源股份有限公司四川分公司	AAA
123	国能浙江舟山发电有限责任公司	AAA
124	内蒙古国华准格尔发电有限责任公司	AAA
125	国家能源集团福建能源有限责任公司	AAA
126	国能（福州）热电有限公司	AAA
127	国能浙江余姚燃气发电有限责任公司	AAA
128	国能（泉州）热电有限公司	AAA
129	国投云顶湄洲湾电力有限公司	AAA
130	山西国峰煤电有限责任公司	AAA
131	南京化学工业园热电有限公司	AAA
132	国电电力发展股份有限公司	AAA
133	国家能源集团乐东发电有限公司	AAA
134	华能国际电力股份有限公司	AAA
135	晋能控股山西电力股份有限公司河津发电分公司	AAA
136	中电（福建）电力开发有限公司	AAA
137	厦门华夏国际电力发展有限公司	AAA
138	晋能长治热电有限公司	AAA
139	重庆大唐国际石柱发电有限责任公司	AAA
140	华电浙江龙游热电有限公司	AAA
141	杭州华电半山发电有限公司	AAA
142	陕西渭河发电有限公司	AAA

序号	受评企业	信用等级
143	内蒙古大唐国际托克托第二发电有限责任公司	AAA
144	内蒙古大唐国际托克托发电有限责任公司	AAA
145	内蒙古上都发电有限责任公司	AAA
146	国家能源集团海控新能源有限公司	AAA
147	大唐泰州热电有限责任公司	AAA
148	浙江大唐乌沙山发电有限责任公司	AAA
149	华能北京热电有限责任公司	AAA
150	华能内蒙古东部能源有限公司	AAA
151	华能（浙江）能源开发有限公司	AAA
152	福建国电风力发电有限公司	AAA
153	国家能源聊城发电有限公司	AAA
154	晋控电力山西国电王坪发电有限公司	AAA
155	华电（北京）热电有限公司	AAA－
156	颍上三峡新能源风力发电有限公司	AAA－
157	国能（海南）新能源发展有限公司	AAA－
158	青海黄河上游水电开发有限责任公司西宁发电分公司	AAA－
159	安徽佛子岭水电有限公司	AAA－
160	安徽响洪甸水电有限公司	AAA－
161	四川华电金川水电开发有限公司	AAA－
162	四川华电木里河水电开发有限公司	AAA－
163	四川华电杂谷脑水电开发有限责任公司	AAA－
164	华能兰州热电有限责任公司	AAA－
165	国能云南新能源有限公司	AAA－
166	山西大唐国际云冈热电有限责任公司	AAA－
167	四川华电西溪河水电开发有限公司	AAA－
168	广东粤电枫树坝发电有限责任公司	AAA－
169	中煤华晋集团有限公司晋城热电分公司	AAA－
170	国能民权热电有限公司	AAA－
171	华电新疆准东五彩湾发电有限公司	AAA－

序号	受评企业	信用等级
172	新疆华电喀什热电有限责任公司	AAA−
173	华电库车发电有限公司	AAA−
174	国能内蒙古呼伦贝尔发电有限公司	AAA−
175	华电新疆发电有限公司昌吉分公司	AAA−
176	国能江苏新能源科技开发有限公司	AAA−
177	内蒙古和林发电有限责任公司	AAA−
178	天津国能津能滨海热电有限公司	AAA−
179	华电云南发电有限公司以礼河发电厂	AAA−
180	大唐苏州热电有限责任公司	AAA−
181	国能榆次热电有限公司	AAA−
182	华能桐乡燃机热电有限责任公司	AAA−
183	芜湖中电环保发电有限公司	AAA−
184	呼和浩特科林热电有限责任公司	AAA−
185	华电国际电力股份有限公司奉节发电厂	AAA−
186	朝阳燕山湖发电有限公司	AA+
187	国家能源集团东北电力有限公司吉林热电厂	AA+
188	湖南华电常德发电有限公司	AA+
189	青海黄河中型水电开发有限责任公司	AA+
190	国电奈曼风电有限公司	AA+
191	宁夏嘉泽新能源股份有限公司	AA+
192	重庆松藻电力有限公司	AA+
193	云南华电金沙江中游水电开发有限公司梨园发电分公司	AA+
194	华电新疆发电有限公司红雁池电厂	AA+
195	华电新疆乌苏能源有限公司	AA+
196	宁夏黄河水电青铜峡发电有限公司	AA+
197	华电伊犁煤电有限公司	AA+
198	华电新疆哈密煤电开发有限公司	AA+
199	华电新疆红雁池发电有限公司	AA+
200	青海黄河上游水电开发有限责任公司公伯峡发电分公司	AA+

序号	受评企业	信用等级
201	华能西藏雅鲁藏布江水电开发投资有限公司加查水电厂	AA＋
202	国能阳宗海发电有限公司	AA＋
203	内蒙古蒙达发电有限责任公司	AA＋
204	国能（肇庆）热电有限公司	AA＋
205	国能德宏发电有限公司	AA＋
206	华能西藏雅鲁藏布江水电开发投资有限公司藏木水电厂	AA＋
207	康保县中能光伏发电有限公司	AA＋
208	云南滇能泗南江水电开发有限公司	AA＋
209	北方联合电力有限责任公司乌海热电厂	AA＋
210	内蒙古北方龙源风力发电有限责任公司	AA＋
211	内蒙古丰泰发电有限公司	AA＋
212	内蒙古蒙电华能热电股份有限公司乌海发电厂	AA＋
213	华能涿鹿清洁能源有限责任公司	AA＋
214	国能双鸭山发电有限公司	AA
215	中电（沈阳）能源投资有限公司	AA
216	通榆新发风力发电有限公司	AA
217	国能怀安热电有限公司	AA
218	新疆华电哈密热电有限责任公司	AA
219	新疆华电米东热电有限公司	AA
220	华电新疆五彩湾北一发电有限公司	AA
221	华电呼图壁能源有限公司	AA
222	国能普洱发电有限公司	AA
223	新疆华电雪湖风力发电有限公司	AA
224	北方联合电力有限责任公司包头第三热电厂	AA
225	北方联合电力有限责任公司包头第一热电厂	AA
226	内蒙古北方蒙西发电有限责任公司	AA
227	北方联合电力有限责任公司包头第二热电厂	AA
228	锡林郭勒热电有限责任公司	AA
229	云南滇能楚雄水电开发有限公司	AA

序号	受评企业	信用等级
230	云南滇能牛栏江水电开发有限公司	AA
231	华能康保风能利用有限责任公司	AA
232	中电投保山龙江水电开发有限公司	AA
233	北方联合电力有限责任公司呼和浩特金桥热电厂	AA
234	内蒙古丰电能源发电有限责任公司	AA
235	北方联合电力有限责任公司乌拉特发电厂	AA
236	北方联合电力有限责任公司临河热电厂	AA
237	国能北安热电有限公司	AA－
238	国家能源集团云南电力有限公司六郎洞分公司	AA－
239	青海省三江水电开发有限责任公司	A＋
240	国能内蒙古西来峰电力有限公司	A

二、电网企业

序号	受评企业	信用等级
1	广西电网有限责任公司	AAA
2	国网山西省电力公司太原供电公司	AAA
3	广东电网有限责任公司	AAA
4	国网湖南省电力有限公司宁远县供电分公司	AAA
5	国网河南省电力公司内黄县供电公司	AAA
6	广西电网有限责任公司钦州供电局	AAA
7	广西电网有限责任公司玉林供电局	AAA
8	广西新电力投资集团有限责任公司	AAA
9	广西电网有限责任公司百色供电局	AAA
10	广西电网有限责任公司来宾供电局	AAA
11	广西电网有限责任公司贵港供电局	AAA
12	广西电网有限责任公司防城港供电局	AAA
13	广西电网有限责任公司北海供电局	AAA
14	广西电网有限责任公司梧州供电局	AAA

续表

序号	受评企业	信用等级
15	国网北京市电力公司	AAA
16	国网福建省电力有限公司	AAA
17	贵州电网有限责任公司遵义供电局	AAA
18	贵州电网有限责任公司都匀供电局	AAA
19	国网浙江省电力有限公司桐庐县供电公司	AAA
20	国网甘肃省电力公司武威供电公司	AAA
21	广西电网有限责任公司南宁供电局	AAA
22	广西电网有限责任公司河池供电局	AAA
23	广西电网有限责任公司桂林供电局	AAA
24	广西电网有限责任公司柳州供电局	AAA
25	广西电网有限责任公司崇左供电局	AAA
26	广西电网有限责任公司钦州新区供电局	AAA
27	广西电网有限责任公司钦州浦北供电局	AAA
28	广西电网有限责任公司钦州灵山供电局	AAA
29	云南电网有限责任公司	AAA
30	国网山东省电力公司	AAA
31	贵州电网有限责任公司毕节供电局	AAA
32	国网浙江省电力有限公司杭州供电公司	AAA
33	内蒙古电力（集团）有限责任公司	AAA
34	国网浙江省电力有限公司东阳市供电公司	AAA
35	国网江苏省电力有限公司	AAA
36	国网浙江省电力有限公司嵊泗县供电公司	AAA－
37	国网浙江省电力有限公司岱山县供电公司	AA＋

三、电力设计企业

序号	受评企业	信用等级
1	上海电力设计院有限公司	AAA
2	国网上海电力设计有限公司	AAA
3	广东艾博电力设计院（集团）有限公司	AAA

序号	受评企业	信用等级
4	揭阳明利电力设计有限公司	AAA
5	中国电建集团贵阳勘测设计研究院有限公司	AAA
6	中国电建集团成都勘测设计研究院有限公司	AAA
7	中国电力工程顾问集团西南电力设计院有限公司	AAA
8	郴州郴能电力勘察设计有限公司	AAA
9	中国电建集团中南勘测设计研究院有限公司	AAA
10	湖南迪泰尔综合能源规划设计有限公司	AAA
11	山东电力工程咨询院有限公司	AAA
12	中国电力工程顾问集团华东电力设计院有限公司	AAA
13	上海核工程研究设计院股份有限公司	AAA
14	中国电力工程顾问集团西北电力设计院有限公司	AAA
15	重庆海鼎勘察设计有限公司	AAA
16	国核电力规划设计研究院有限公司	AAA
17	中国电建集团北京勘测设计研究院有限公司	AAA
18	中国电力工程顾问集团华北电力设计院有限公司	AAA
19	元工电力技术有限公司	AAA
20	山西科电电力设计有限公司	AAA
21	广东南海电力设计院工程有限公司	AAA
22	广东顺德电力设计院有限公司	AAA
23	中国能源建设集团安徽省电力设计有限公司	AAA
24	中国电建集团华东勘测设计研究院有限公司	AAA
25	河南省金鹰电力勘测设计工程有限公司	AAA
26	中国电建集团昆明勘测设计研究院有限公司	AAA
27	中国能源建设集团云南省电力设计院有限公司	AAA
28	山西晋通诚信电力设计咨询有限公司	AAA
29	中国电建集团青海省电力设计院有限公司	AAA
30	中国电力工程顾问集团东北电力设计院有限公司	AAA
31	智方设计股份有限公司	AAA
32	西宁方盛电力设计有限公司	AAA

序号	受评企业	信用等级
33	九疆电力建设（陕西）有限公司	AAA－
34	贵阳电力设计院有限公司	AAA－
35	韶关市擎能设计有限公司	AAA－
36	青海科信电力设计院有限公司	AAA－
37	广东辰誉电力科技有限公司	AA
38	准格尔旗浩普电力勘测设计有限责任公司	AA－

四、电力建设企业

序号	受评企业	信用等级
1	陕西大秦电能集团有限公司	AAA
2	甘肃省安装建设集团有限公司	AAA
3	宁夏天源电力有限公司	AAA
4	湖南湘中输变电建设有限公司	AAA
5	龙岩亿力电力工程有限公司	AAA
6	国网四川电力送变电建设有限公司	AAA
7	赣州荣辉建设工程有限公司	AAA
8	广东泽森建设有限公司	AAA
9	宁德市昌达输变电工程有限公司	AAA
10	广东五方电力工程有限公司	AAA
11	广州电力工程监理有限公司	AAA
12	泉州亿兴电力工程建设有限公司	AAA
13	重庆展帆电力工程勘察设计咨询有限公司	AAA
14	厦门海城建设工程有限公司	AAA
15	中国电建集团重庆工程有限公司	AAA
16	安徽昊旺科技集团有限公司	AAA
17	亳州益源电力有限责任公司	AAA
18	安徽省福慧多能源投资建设有限公司	AAA
19	安丰电力建设集团有限公司	AAA

序号	受评企业	信用等级
20	湘西自治州德能电力建设有限公司	AAA
21	新疆惠源电力有限责任公司	AAA
22	广州番电电力建设集团有限公司	AAA
23	湖北荆力电力集团有限公司	AAA
24	广东筑兴建设工程有限公司	AAA
25	广东创成建设监理咨询有限公司	AAA
26	广东电安电力工程有限公司	AAA
27	山东电工德润特电气工程有限公司	AAA
28	安徽津利电力发展有限公司	AAA
29	福建雄峰电力工程有限公司	AAA
30	广东丰立达建设有限公司	AAA
31	中国水利水电第十一工程局有限公司	AAA
32	中国水利水电第三工程局有限公司	AAA
33	内蒙古电力建设（集团）有限公司	AAA
34	漯河汇力实业（集团）有限公司	AAA
35	榆林华源电力有限责任公司	AAA
36	浙江安吉通用电力发展有限公司	AAA
37	黄石电力集团有限公司	AAA
38	十堰巨能电力集团有限责任公司	AAA
39	广州市机电安装有限公司	AAA
40	中国水利水电第八工程局有限公司	AAA
41	湖南德力电力建设集团有限公司	AAA
42	上海久隆电力（集团）有限公司	AAA
43	上海能源科技发展有限公司	AAA
44	上海电力建设有限责任公司	AAA
45	郴州郴能电力有限公司	AAA
46	湖南亨通电力有限公司	AAA
47	湖南雁能建设集团有限公司	AAA
48	上海市南电力（集团）有限公司	AAA

序号	受评企业	信用等级
49	四川能投建工集团有限公司	AAA
50	四川嘉盛电力建设有限责任公司	AAA
51	广东运峰电力安装有限公司	AAA
52	重庆智网科技有限公司	AAA
53	重庆市恒光电力有限责任公司	AAA
54	沈阳电能建设集团有限公司	AAA
55	内蒙古元瑞电建有限责任公司	AAA
56	乌海市海金送变电工程有限责任公司	AAA
57	云南天星实业有限公司	AAA
58	安徽明都能源建设集团有限公司	AAA
59	中水建管国际工程有限公司	AAA
60	青岛华通电力工程有限公司	AAA
61	中能祥瑞电力工程有限公司	AAA
62	福州亿力电力工程有限公司	AAA
63	福建省中禹水利水电工程有限公司	AAA
64	瑞沣集团股份有限公司	AAA
65	内江星原电力集团有限责任公司	AAA
66	四川嘉能佳电力集团有限责任公司	AAA
67	德清县农电发展有限责任公司	AAA
68	上海电力通信有限公司	AAA
69	湖南省湘福建设有限公司	AAA
70	宁夏天净元光电力有限公司	AAA
71	宁夏龙源电力有限公司	AAA
72	神农架林区鸿瑞电力工程有限公司	AAA
73	新洋国际电力集团有限公司	AAA
74	中国安能集团第二工程局有限公司	AAA
75	中国水利水电第五工程局有限公司	AAA
76	湖南卓越建设有限公司	AAA
77	湖南长峰电力集团股份有限公司	AAA

序号	受评企业	信用等级
78	湖南华邦建设有限公司	AAA
79	乾程建设有限公司	AAA
80	西宁电力实业有限公司	AAA
81	神华联合建设有限公司	AAA
82	贵州送变电有限责任公司	AAA
83	四川锦程综合能源有限公司	AAA
84	河南星晨电力工程有限公司	AAA
85	广东能洋电力建设有限公司	AAA
86	湖南华信安装工程有限公司	AAA
87	中国电建集团福建工程有限公司	AAA
88	重庆元方实业（集团）有限公司	AAA
89	中国能源建设集团广东火电工程有限公司	AAA
90	广东力田科技股份有限公司	AAA
91	德京集团有限公司	AAA
92	福建省同舟建设有限公司	AAA
93	西格码电气股份有限公司	AAA
94	福建江隆水利水电工程有限公司	AAA
95	国网电力科学研究院武汉南瑞有限责任公司	AAA
96	安徽国锦电力工程有限公司	AAA
97	中国能源建设集团西北电力建设甘肃工程有限公司	AAA
98	东营方大电力工程有限责任公司	AAA
99	广东先达电业有限公司	AAA
100	重庆市中安电力开发有限责任公司	AAA
101	山东电力建设第三工程有限公司	AAA
102	中国能源建设集团西北电力建设工程有限公司	AAA
103	重庆民能实业有限公司	AAA
104	河南辉耀电力工程有限公司	AAA
105	西宁宝盛实业有限公司	AAA－
106	云南恒安电力工程有限公司	AAA－

序号	受评企业	信用等级
107	徐州市彭源电力安装工程有限公司	AAA−
108	江苏普航电力有限公司	AAA−
109	江苏浩阳电力设备安装有限公司	AAA−
110	苏州工业设备安装集团有限公司	AAA−
111	江西合创建设工程有限公司	AAA−
112	赣州市汇通建设工程有限公司	AAA−
113	中军电力（江苏）有限公司	AAA−
114	安徽乾坤电力工程有限公司	AAA−
115	合肥志伟电力安装工程有限公司	AAA−
116	广东惠晟建设有限公司	AAA−
117	湖南省电网工程有限公司	AAA−
118	资阳资源电力有限公司	AAA−
119	上海电院电力电子实业有限公司	AAA−
120	上海华群实业股份有限公司	AAA−
121	佛山市劲能电力工程有限公司	AAA−
122	广东威顺电力工程有限公司	AAA−
123	沈阳电业电气安装有限公司	AAA−
124	四川华兴建设有限公司	AAA−
125	哈尔滨电力工程安装有限公司	AAA−
126	湖南安平电力建设有限公司	AAA−
127	安徽鑫轩建设工程有限公司	AAA−
128	广东汇盈电力工程有限公司	AAA−
129	广东立胜电力技术有限公司	AAA−
130	攀枝花网源电力有限公司	AAA−
131	四川华东电气集团有限公司	AAA−
132	遂宁市江源实业有限公司	AAA−
133	浙江城北送变电建设有限公司	AAA−
134	阜新阜能电力发展有限公司	AAA−
135	江西赣瑞实业有限公司	AAA−

序号	受评企业	信用等级
136	曲靖晋源实业有限公司	AA+
137	江苏爱彼电力科技有限公司	AA+
138	江苏中隆电气有限公司	AA+
139	马鞍山市青松机电设备安装工程有限公司	AA+
140	浙江城源电力承装工程有限公司	AA+
141	广东东汇电力有限公司	AA+
142	上海创鑫电力工程有限公司	AA+
143	广东威泰电力工程有限公司	AA+
144	佛山市南海多宝电力电器安装有限公司	AA+
145	宁夏天能电力有限公司	AA+
146	江苏安信电气工程有限公司	AA+
147	中国安能集团华东投资开发有限公司	AA+
148	广东欧姆龙电力工程有限公司	AA+
149	铁岭泰瑞机电工程有限公司	AA+
150	四川广泽电力建设有限公司	AA+
151	成都协能电力技术服务有限责任公司	AA
152	连云港东能电力工程有限公司	AA
153	江苏涟昇电能科技有限公司	AA
154	南通大洋电力设备有限公司	AA
155	云南益顺众电力工程有限公司	AA
156	江苏永康电力有限公司	AA
157	金源建设集团有限公司	AA
158	宁波晨江电力集团有限公司	AA
159	江苏常新电力建设有限公司	AA
160	福建旭力建设工程有限公司	AA
161	昆明自动化成套集团股份有限公司	AA
162	江苏中电科电力建设有限公司	AA−
163	湖南德沃普电力安装有限公司	A

五、售电公司

序号	受评企业	信用等级
1	新疆天泰电通电力发展有限公司	AAA
2	国家能源集团海南能源销售有限公司	AAA
3	华能河南能源销售有限责任公司	AAA
4	福建大唐能源营销有限公司	AAA
5	安徽省能惠售电有限公司	AAA
6	北京国能国源能源科技有限公司	AAA
7	安徽省售电开发投资有限公司	AAA
8	国能河北能源销售有限公司	AAA
9	国能吉林能源销售有限公司	AAA
10	广西能源联合售电有限公司	AAA
11	国家能源集团内蒙古能源销售有限公司	AAA
12	国能重庆能源销售有限公司	AAA
13	国家能源集团陕西能源销售有限公司	AAA
14	河南中电互联配售电有限公司	AAA
15	河南黄河能源创新中心有限公司	AAA
16	国能（山东）售电有限责任公司	AAA
17	大唐河南能源营销有限公司	AAA
18	国能（山东）综合能源服务有限公司	AAA
19	国电（福建）能源销售有限公司	AAA
20	大唐京津冀能源营销有限公司	AAA
21	昆明耀龙配售电运行有限公司	AAA－
22	国电安徽能源销售有限公司	AAA－
23	山西深电能科技有限公司	AAA－
24	大唐云南能源营销有限公司	AAA－
25	国能江苏能源销售有限公司	AAA－
26	保山工贸园区配售电有限公司	AA＋
27	国能四川能源销售有限公司	AA

六、电力供应商

序号	受评企业	信用等级
1	西安西热水务环保有限公司	AAA
2	南京中凯电气技术有限公司	AA－
3	河北华能源电力设备有限公司	AAA－
4	威胜信息技术股份有限公司	AAA
5	深圳市立信远大科技有限公司	A
6	赫兹曼电力（广东）有限公司	AAA－
7	巴中市鑫路广告传媒有限公司	AA－
8	安徽宏源铁塔有限公司	AAA
9	郴州市东塘电气设备有限公司	AAA－
10	杭州电缆股份有限公司	AAA
11	南京南瑞继保电气有限公司	AAA
12	南京南瑞继保工程技术有限公司	AAA
13	江苏上上电缆集团有限公司	AAA
14	河北海恩橡塑制品有限公司	AA
15	北京华科兴盛电力工程技术有限公司	AAA
16	哈尔滨光宇电气自动化有限公司	AAA－
17	杭州华新电力线缆有限公司	AAA－
18	无锡智能自控工程股份有限公司	AA＋
19	北京中安质环技术评价中心有限公司	AAA－
20	浙江亘古电缆股份有限公司	AAA

七、电能服务企业

序号	受评企业	信用等级
1	国能河北综合能源有限公司	AAA
2	广东立胜综合能源服务有限公司	AAA
3	安徽南瑞继远电网技术有限公司	AAA
4	内蒙古福流能源科技有限公司	AAA－

续表

序号	受评企业	信用等级
5	河南康派智能技术有限公司	AA＋
6	佛山市中安电力消防科技工程有限公司	AA＋
7	北京方胜有成科技股份有限公司	AA －
8	广东中烨能源综合服务有限公司	AA

八、其他类型企业

序号	受评企业	信用等级
1	中地寅岗建设集团有限公司	AAA
2	广东冠诚工程管理有限公司	AAA
3	四川科锐得实业集团有限公司	AAA
4	内蒙古自治区电力行业协会	AAA
5	上海资文建设工程咨询有限公司	AAA
6	安徽省电力协会	AAA
7	中国能建数字科技集团有限公司	AAA
8	中国能建（北京）能源研究院有限公司	AAA
9	广东顶立工程咨询有限公司	AAA
10	深圳市鹏电工程咨询有限公司	AAA
11	阳光智维科技股份有限公司	AAA
12	上海市电力工程行业协会	AAA
13	华电陕西能源有限公司物资分公司	AAA
14	内蒙古电力（集团）有限责任公司内蒙古电力科学研究院分公司	AAA
15	湖南金安交通设施亮化景观建设有限公司	AAA
16	广东威恒输变电工程有限公司	AAA
17	广东卓维网络有限公司	AAA
18	云南电力试验研究院（集团）有限公司	AAA
19	华北电力科学研究院有限责任公司	AAA
20	电力规划总院有限公司	AAA
21	中国华能集团清洁能源技术研究院有限公司	AAA

序号	受评企业	信用等级
22	山西晋缘电力化学清洗中心有限公司	AAA
23	国核自仪系统工程有限公司	AAA
24	天津市电力科技发展有限公司	AAA
25	佛山市天诚工程咨询管理有限公司	AAA
26	杭州意能电力技术有限公司	AAA
27	安徽明生电力投资集团有限公司	AAA
28	湖南湘能创业项目管理有限公司	AAA
29	益阳市电力行业协会	AAA
30	国家能源集团新能源技术研究院有限公司	AAA
31	甘肃科源电力集团有限公司	AAA
32	国能江苏电力工程技术有限公司	AAA
33	湖北正信电力工程咨询有限公司	AAA
34	河北华瑞能源集团有限公司	AAA
35	广西电网有限责任公司电网建设分公司	AAA
36	宁夏回族自治区电力行业协会	AAA
37	中国电建集团核电工程有限公司	AAA
38	兴能电力建设有限公司	AAA
39	东莞市绿雅达有害生物防制技术有限公司	AAA
40	公诚管理咨询有限公司	AAA
41	北京洛斯达科技发展有限公司	AAA
42	临沂蓝天热力有限公司	AAA
43	中国能源建设集团华中电力试验研究院有限公司	AAA
44	上海申欣环保实业有限公司	AAA
45	华东电力试验研究院有限公司	AAA
46	山西中立工程造价咨询有限公司	AAA
47	中核核电运行管理有限公司	AAA
48	大唐南京环保科技有限责任公司	AAA
49	云南瑞讯达通信技术有限公司	AAA－
50	鑫宏达电力集团（青岛）有限公司	AAA－

续表

序号	受评企业	信用等级
51	宁夏百川电力股份有限公司	AAA−
52	江苏百盈电力工程有限公司	AA＋
53	广东众诚电力建设工程有限公司	AA＋
54	青铜峡铝业股份有限公司宁东铝业分公司	AA＋
55	广东省电力工业燃料有限公司	AA＋
56	江苏阳澄电力建设有限公司	AA
57	北京天宁华韵文化科技有限公司	AA
58	城基建设有限公司	A＋

附录 8　中电联电力行业信用体系建设领导小组办公室评价咨询中心

评价中心名称	依托协会	联系方式
北京市电力行业评价咨询中心	北京市电力行业协会	010—83670369
山西省电力行业评价咨询中心	山西省电力行业协会	13327514570
内蒙古自治区电力行业评价咨询中心	内蒙古自治区电力行业协会	0471—5216614
辽宁省电力工程协会评价咨询中心	辽宁省电力工程协会	024—81206692
吉林省电力行业评价咨询中心	吉林省电力行业协会	0431—85797590
上海市电力工程行业协会评价咨询中心	上海市电力工程行业协会	021—63333752
上海市电力行业评价中心	上海市电力行业协会	19530215713
江苏省电力行业评价咨询中心	江苏省电力行业协会	025—85083822
浙江省电力行业评价咨询中心	浙江省电力行业协会	0571—51102622
浙江省电力工程企业协会评价咨询中心	浙江省电力工程企业协会	0571—88925069
安徽省电力协会评价咨询中心	安徽省电力协会	0551—65306776
福建省电力企业协会评价咨询中心	福建省电力企业协会	0591—87825075
江西省电力企业协会评价咨询中心	江西省电力企业协会	0791—88283137
山东省电力行业评价咨询中心	山东省电力行业协会	13105316764
河南省电力企业协会评价咨询中心	河南省电力企业协会	0371—55173992
湖北省电力企业协会评价咨询中心	湖北省电力企业服务协会	027—88660967
湖北省电力企业联合会评价咨询中心	湖北省电力企业联合会	027—88564046
湖南省电力工程企业协会评价咨询中心	湖南省电力工程企业协会	0731—86861601
湖南省电力行业评价咨询中心	湖南省电力行业协会	19918963225
佛山市电力行业评价咨询中心	佛山市电力行业协会	0757—82865250
广东省能源协会评价咨询中心	广东省能源协会	020—83275211
广西电力行业评价咨询中心	广西电力行业协会	0771—2550855
海南省电力行业评价咨询中心	海南省电力行业协会	0898—65317106
海南省电力企业协会评价咨询中心	海南省电力企业协会	18289978525
重庆市电力行业评价咨询中心	重庆市电力行业协会	023—63682602
四川省电力企业协会评价咨询中心	四川省电力企业协会	028—85127872

评价中心名称	依托协会	联系方式
四川省电力行业评价咨询中心	四川省电力行业协会	028—68125521
贵州省电力行业评价咨询中心	贵州省电力行业协会	0851—85593522
云南省电力行业评价咨询中心	云南省电力行业协会	0871—63018457
陕西省电力行业评价咨询中心	陕西省电力行业协会	029—81005787
甘肃省水电学会评价咨询中心	甘肃省水利发电工程学会	0931—2967284
青海省电力行业评价咨询中心	青海省电力行业协会	0971—6072305
宁夏电力企业协会评价咨询中心	宁夏电力企业协会	15204839988
宁夏电力行业评价咨询中心	宁夏回族自治区电力行业协会	0951—4916364
新疆电力承装修试协会评价咨询中心	新疆维吾尔自治区电力承装修试企业协会	0991—3851200
中电建协评价咨询中心	中国电力建设企业协会	13681472466

后记

在《中国电力行业信用体系建设年度发展报告2024》（简称《信用体系建设报告2024》）由中国电力企业联合会电力评价咨询院（简称"中电联评价院"）组织编写。《信用体系建设报告2024》的编撰得到了行业主管部门的大力支持和帮助。国家电网有限公司、中国南方电网有限责任公司、中国华能集团有限公司、中国大唐集团有限公司、中国华电集团有限公司、中国能源建设集团有限公司、国家电力投资集团有限公司、中国长江三峡集团有限公司、中国广核集团有限公司、中国电力建设集团有限公司、中国能源建设集团有限公司、广东省能源集团有限公司、哈尔滨电气集团有限公司等单位及有关电力企业为报告提供了详实的资料；山西省电力行业协会、福建省电力企业协会、辽宁省电力工程协会、吉林省电力行业协会、上海市电力工程行业协会、山东省电力企业协会、黑龙江省电力设施安装协会、河南省电力企业协会、四川省电力企业协会、内蒙古自治区电力行业协会、北京市电力行业协会、江苏省电力行业协会、湖北省电力企业服务协会、广西电力行业协会、云南省电力行业协会、江西省电力企业协会、海南省电力行业协会、贵州省电力行业协会、广东省能源协会、佛山市电力行业协会、湖南省电力工程企业办会、安徽省电力工程行业协会、青海省电力行业协会、浙江省承装修试电力设施企业协会、重庆市电力行业协会、新疆维吾尔自治区电力承装修试企业协会、浙江省电力行业协会、宁夏电力企业协会、四川省电力行业协会、宁夏电力行业协会、陕西省电力行业协会、甘肃省水力发电工程学会、上海市电力行业协会、海南省电力工程企业协会、湖南省电力行业协会、中国电力建设企业协会作为中电联电力行业信用体系建设办公室各省评价咨询中心均为报告提供了宝贵的素材。

潘荔、米建华、李宏远、李明、陈宗法、汤飞、张莲瑛、刘开俊、简英俊、吕传武、胡小正、梁新怀、解存、陈平、方旭升、王永利、王洪雷、金瑞峰、郭向国、李全强、王心义等专家分别对报告编写内容及成果进行了技术指导，在此一并表示衷心感谢。

下一步，中电联将在国家信用主管部门的领导下，努力发挥行业优势，强化行业信用建设，引导广大电力企业踊跃投身国家和行业信用体系建设，加强对碳达峰碳中和目标下电力行业信用相关研究，着力推动社会信用体系高质量发展，为实现我国经济社会发展信用环境明显改善、经济社会秩序显著好转做出应有的贡献。

受编撰时间、资料收集和编者水平所限，报告难免存在疏漏之处，恳请读者谅解并批评指正。我们将不断总结经验，进一步提高编撰质量，使报告成为研究、了解、记录中国电力行业信用发展的重要资料。